FACULTÉ DE DROIT DE PARIS

DE DAMNO INFECTO

EN DROIT ROMAIN

LÉGISLATION

CONCERNANT LES ÉTABLISSEMENTS

RÉPUTÉS

INSALUBRES, DANGEREUX ET INCOMMODES

EN DROIT FRANÇAIS

PAR

ÉDOUARD BAUBE

Né à Chateau-Porcien (Ardennes).

PARIS

ROUSSEAU, LIBRAIRE-ÉDITEUR,

14, RUE SOUFFLOT, 14.

1880

THÈSE

POUR LE DOCTORAT

FACULTÉ DE DROIT DE PARIS

DE DAMNO INFECTO

EN DROIT ROMAIN

LÉGISLATION

CONCERNANT LES ÉTABLISSEMENTS

RÉPUTÉS

INSALUBRES, DANGEREUX ET INCOMMODES

EN DROIT FRANÇAIS

THÈSE POUR LE DOCTORAT

PAR

ÉDOUARD BAUBE

Né à Chateau-Porcien (Ardennes).

L'acte public sur les matières ci-après sera présenté et soutenu le jeudi 16 décembre 1880, à 2 heures.

PRÉSIDENT : M. ACCARIAS,

SUFFRAGANTS : MM. VUATRIN, DEMANTE, } PROFESSEURS.
CASSIN, LYON-CAEN. } AGRÉGÉS.

Le candidat répondra, en outre, aux questions qui lui seront faites sur les autres matières de l'enseignement.

PARIS

ROUSSEAU, LIBRAIRE-ÉDITEUR,

14, RUE SOUFFLOT, 14.

1880

DROIT ROMAIN

DE DAMNO INFECTO

L'objet de l'étude que nous entreprenons est la procédure absolument étrangère à notre législation actuelle que nous trouvons étudiée au Digeste, au titre « de Damno infecto et suggrundis et protectionibus (XXXIX, 2). »

Elle répondait à Rome à un besoin que faisaient naître les principes si étroits du droit romain primitif en matière d'obligations; elle a disparu avec eux, et quelques développements sont nécessaires pour indiquer d'une façon générale en quoi elle consiste.

CHAPITRE PREMIER.

BESOIN AUQUEL RÉPOND LA PROCÉDURE DU « DAMNUM INFECTUM ». EN QUOI ELLE CONSISTE.

I.

Notre législation moderne considère comme une source d'obligations les délits et quasi-délits. Tout fait de l'homme qui porte atteinte au droit d'autrui et ne constitue pas, de la part de son auteur l'accomplissement d'une obligation légale ou l'exercice d'un droit, toute abstention d'un acte que la loi ordonne d'accomplir, oblige celui qui s'en est rendu coupable à réparer d'une façon intégrale le préjudice qu'il a causé (art. 1382-1383, C. civ.).

A ce principe notre Code en rattache un autre : l'on est responsable non-seulement du dommage que l'on cause par son propre fait, mais encore de celui qui est causé par le fait des personnes dont on doit répondre ou des choses que l'on a sous sa garde (1384). Ainsi le père est responsable du dommage causé par ses enfants mineurs habitant avec lui, les maîtres du dommage causé par leurs domestiques dans les fonctions auxquelles ils sont employés. Enfin « le propriétaire d'un bâtiment est responsable du dommage causé par sa ruine, lorsqu'elle est arrivée par défaut d'entretien ou par le vice de sa construction. » (art. 1386).

Ces principes, dans leur ensemble sont étrangers au droit romain.

A la place de la règle générale de l'art. 1382, nous trouvons que certains faits seulement, limitativement énumérés, peuvent donner naissance à des actions, d'ailleurs variables.

A la place de la règle de l'article 1384 il y a cette idée que le propriétaire de l'esclave, de l'animal ou de la chose inanimée ou le père de famille de la personne qui a causé un préjudice injuste à un tiers peut, sous certaines conditions être forcé à faire à la personne lésée l'abandon de cet esclave, de cet animal, de cette chose ou de cette personne (*noxa*) s'il n'aime mieux réparer le préjudice causé. C'est l'idée que nous trouvons énoncée pour un cas particulier dans cette formule (où le jurisconsulte a soin d'éviter toute expression pouvant faire croire que le père de famille ou le propriétaire de la *noxa* soit obligé en une mesure quelconque) :

« Animalia quæ noxam commiserunt non ultra nos solent onerare quam ut noxæ ea dedamus. » Ce que le jurisconsulte dit ici des animaux, lui paraît plus vrai encore des biens inanimés et surtout des maisons causant préjudice par leur chute : « Multo magis ea quæ anima ca- « rent ultra nos non deberent onerare; præsertim « cum res quidem animales, quæ damnum dede- « rint, ipsæ extent; ædes autem, si ruina sua dam- « num dederunt, desierint extare. » (l. 7 § 1 *de damno infecto* XXXIX, II.)

Cette dernière hypothèse en particulier, l'hypothèse dans laquelle le préjudice vient de l'écroulement d'une maison mal construite ou mal entretenue, aurait soulevé entre les jurisconsultes romains des discussions qui semblent avoir été longues. Mais comme nous aurons occasion de l'expliquer par la suite, ces discussions roulaient simplement sur le point de savoir ce qui doit être considéré comme étant la *noxa*, au cas où la maison ne s'est pas écroulée tout entière. Les uns ne voulaient considérer comme cause du préjudice que les matériaux gisant à terre, puisque c'était leur écroulement qui avait endommagé la propriété voisine. Les autres, considérant la maison entière comme formant en tout une unité, disaient que c'était elle qui était la *noxa*, puisque c'était elle qui par sa ruine partielle avait fait le mal. De là controverse sur la question suivante: qu'est-ce que le propriétaire peut être forcé d'abandonner. Est-ce seulement les matériaux gisant à terre ? Est-ce et ces matériaux et ce qui reste de la maison ? Mais au milieu de ces controverses, le principe lui-même reste intact. Si l'on ne s'entend pas sur la détermination de la *noxa*, on s'accorde à considérer que, ici comme partout, le propriétaire ne peut être forcé qu'à une chose, à l'abandon de cette *noxa* quelle qu'elle soit. Ce principe est même poussé si loin par quelques logiciens inflexibles, qu'ils refusent au propriétaire sur le fonds duquel des matériaux sont tombés le droit d'exiger de son voisin l'enlèvement de ces matériaux. (l. 6 D. *de damno infecto*.)

Il est clair que de tels principes devaient forcément être abandonnés ou tournés. Ils furent l'un et l'autre suivant les cas.

Un certain nombre de faits préjudiciables donnèrent lieu à des actions diverses qu'on dit naître *ex delicto* ou *quasi ex delicto*, et ces créations d'actions finirent par garantir d'une façon suffisante contre les préjudices que pouvaient causer les faits de l'homme ou des animaux domestiques.

Quant aux dommages du genre de celui qui pouvait résulter pour une propriété, du mauvais état d'une propriété voisine, de la chute d'une maison trop vieille ou mal construite, la loi civile chercha de bonne heure à y pourvoir par un moyen préventif. Au temps des actions de la loi, on pouvait agir « damni infecti nomine ». « Tantum « ex duabus causis, nous dit Gaius en parlant de « son époque, permissum est agere : damni in « fecti et si centumvirale judicium fit per vendi-

« cationem. » (IV, 31). Nous ne savons en quoi consistait cette procédure ; on a conjecturé ce que pouvait être la «pignoris capio» exercée par le propriétaire de la maison menacée sur la maison *ruinosa*. D'autres pensent à l'action « sacramentum ».

Ce qui est certain, c'est que d'assez bonne heure le préteur institua à son tour pour le même genre de *damnum* un autre système préventif, une procédure plus simple que l'action de la loi, et que cette dernière, au temps de Gaius, était déjà disparue des mœurs pour faire place à la nouvelle création prétorienne : « Damni infecti « nemo vult lege agere, sed potius stipulatione, « quæ in Edicto proposita est, obligat adversa- « rium per magistratum; quod et commodius « jus et plenius est. » (IV, 31). La procédure dont le jurisconsulte nous parle en ces termes, et qui est celle que nous devons étudier, roule en effet tout entière sur l'ordre que le magistrat donne au propriétaire de la maison *ruinosa*, de permettre au propriétaire menacé la réparation du préjudice qui pourrait se produire, cependant elle ne se compose pas de cet ordre seul.

II.

Quand le législateur trouve utile que dans telle hypothèse donnée une obligation existe, il l'ordonne, et l'obligation trouve ainsi sa cause directe et unique dans la volonté toute puissante de la loi.

Mais quand le législateur n'a le pouvoir de faire le droit que pour compléter, corriger l'œuvre d'un autre législateur, que d'autre part, dans les circonscances où il voudrait voir exister une obligation, il ne trouve rien qui puisse fonder actuellement cette obligation aux yeux de la législation principale, il est amené forcément à chercher un détour pour arriver au but qu'il se propose.

C'est ce qu'a fait le préteur romain, ne pouvant créer de sa propre autorité l'obligation que la loi civile ne fait point naître, il écrit sur son album que, telle espèce étant donnée, il ordonnera à celui qu'il trouve juste d'obliger, de s'engager envers l'autre partie, et il s'engagera par le procédé le plus simple de ceux que connaît la législation civile dont il est l'interprète : la stipulation. Il indiquera ce à quoi il faudra que cette partie s'engage, les termes de la formule que le stipulant aura le droit de prononcer. Il édictera une sanction à cet ordre; sanction qu'il classera parmi les effets juridiques qui rentrent le mieux dans ses attributions. Dans l'hypothèse qui nous occupe la sanction sera, au cas où le dommage que l'on craignait se sera produit depuis la demande de *cautio*, une action délivrée et conçue dans cette fiction que la promesse a été faite. Lorsqu'il s'agira de pourvoir à un danger encore futur, la sanction sera l'envoi du *demandeur*, c'est-à-dire du *stipulator* en possession de la propriété d'où doit venir le préjudice, envoi en possession auquel succédera, s'il le faut, une expropriation véritable du défendeur récalcitrant.

Une autre sanction sera donc nécessaire pour empêcher la résistance du défendeur aux nouveaux ordres du magistrat. Le préteur considérera que dans ce refus de laisser prendre au demandeur la possession que lui donne le décret prétorien, il y a enfin le germe d'une obligation actuelle, l'attente à un droit présent, il donnera action, action *in factum* parce que ce droit naît dans des circonstances qui ne rappellent en rien celles que la législation civile regarde comme donnant naissance à des droits, mais action qui n'en aboutira pas moins à une condamnation pécuniaire.

L'envoi en possession comporte deux degrès. Le préteur commence par envoyer le demandeur en possession à titre de gardien, sans lui permettre d'expulser le propriétaire ou d'empêcher l'exercice des divers droits assis sur l'immeuble. Il s'agit aussi d'exciter le défendeur à fournir la *cautio*, et de le forcer par l'ennui et l'embarras de cette possession commune.

S'il persiste dans ses refus, le préteur prononce alors l'expropriation du défendeur. C'est ce dernier qui est dès lors *constitutus dominus* au regard du droit prétorien.

III.

Une stipulation, par celà qu'elle consiste dans la prononciation de certaines paroles jointe à la volonté de leur faire produire l'effet juridique qu'elles expriment, est un acte volontaire, mais la volonté du promettant peut être amenée à l'acte qui l'engage par des motifs de diverses natures. Le plus souvent la promesse sera faite en conséquence d'une convention. Les termes de la formule prononcée par le stipulant et acceptée par le promettant seront l'expression de ce qui aura été convenu entre eux. On dit alors que la stipulation est conventionnelle : « Conventionales sunt, « quæ ex conventione utriusque parte concipiun- « tur, hoc est neque jussu judicis, neque jussu « prætoris, sed ex conventione contrahentium. » Ce que ces stipulations ont de *conventionnel* par rapport aux autres, c'est d'être déterminées par des motifs quelconques, sans ordre de juge ni de préteur et par suite de n'imposer au débiteur que des conditions par lui débattues et librement acceptées.

A côté de ces stipulations, il y a celles qui n'ont rien de spontané, que l'on consent à fournir parce qu'on en a reçu l'ordre soit du juge, soit du préteur, soit de la loi. Ici encore la stipulation est volontaire et libre en un certain sens, mais elle n'a rien de spontané. La promesse que l'on fait n'est point le résultat d'un accord intervenu entre le stipulant et le promettant. Les termes dans lesquels on s'engage sont dictés par l'album du préteur, ou le texte de la loi, ou le magistrat, ou tout au moins, si la formule n'est pas imposée, le fond même de la promesse qu'on doit faire, l'engagement que l'on contracte est déterminé et il s'impose à vous dès que vous aimez mieux promettre que vous exposer aux peines qui vous frapperaient au cas de refus.

Les stipulations, qui ont entre elles ce caractère commun d'être imposées, sous de certaines peines, par une autorité supérieure peuvent être distinguées en plusieurs classes à des points de vue différents.

Il en est par exemple qui sont ordonnées par le droit civil même ; les autres, et c'est la majorité, sont imposées par le droit honoraire, soit le droit prétorien, soit le droit des édiles. Nous n'avons à nous en occuper que pour constater que la stipulation *damni infecti* est une création du préteur.

A un autre point de vue, les Institutes (L. III, *de divisione stipulationum*), suivant en cela Pomponius (L. 5, *pr. de Verb. obl.*), rangent encore ces stipulations non conventionnelles en trois classes. Il y a les stipulations *judiciales, quæ a mero judicio officio proficiscuntur;* les *prætoriæ*, *a mero prætoris officio ;* les *communes*, qui sont *tam prætoriæ quam judiciales*. Cette division revient à dire que parmi les stipulations non conventionnelles, il en est qui, en fait, ne peuvent jamais être demandées qu'*in jure*, d'autres qui peuvent l'être seulement *in judicio*, d'autres enfin qui peuvent l'être soit dans l'une soit dans l'autre partie de l'instance, en admettant qu'elles aient besoin d'être demandées, c'est-à-dire que la partie qui doit s'engager ne s'exécute pas de plein gré. Cette distinction peut avoir un intérêt pratique. Pour les stipulations qui supposent une instance engagée, il est bon de savoir si on peut les demander encore après la *litis contestatio*, moment auquel est attaché l'extinction de toutes sortes de droits ou de bénéfices. Mais en dehors de cet intérêt, la distinction que nous venons de reproduire est d'une importance secondaire, car elle repose sur une simple constatation de fait ; que tel genre de stipulations ne se conçoit qu'*in jure*, tel autre *in judicio*.

Au point de vue de cette classification, c'est au nombre des stipulations prétoriennes que prend place la stipulation *damni infecti*.

Une distinction plus importante surtout en la matière qui nous occupe, est celle qui tend à classer les stipulations non conventionnelles en deux catégories au point de vue de leur manière d'être, de leur individualité, en quelque sorte.

Certaines stipulations ont une existence abstraite, en dehors de toute question de fait, ainsi la *cautio de rato*, la *cautio judicatum solvi*, la *cautio legatorum*, tout cela existe pour ainsi dire en soi : ce sont là des procédés, des instruments que la législation prétorienne met à la disposition de toute personne qui se trouvera être dans telles et telles conditions déterminées; pour chacune d'entre elles il y a tout un ensemble de règles disant dans quels cas, à quelles personnes, contre quelles personnes elle sera donnée. Chacune a sa théorie; chacune a son nom, faisant image en quelque sorte, indépendamment de toute instance.

Il est au contraire des stipulations qui sont de purs faits passagers, que l'on verra se produire si l'on assiste aux séances du juge, mais qui n'existent pas en elles-mêmes. Le juge, dans cette hypothèse, puisera dans ses attributions le droit de forcer l'une des parties à faire telle *cautio* dont il indiquera le contenu nécessaire. Mais il lui faudra créer la formule. Elle variera suivant les circonstances et les causes. Ces stipulations ont bien leurs règles générales ; il n'y a pas de nom pour chacune d'entre elles; elles n'ont pas d'individualité.

Ainsi il est des stipulations dont la formule est écrite sur l'album, qui ont un nom, une théorie à elles, qui attendent pour ainsi dire qu'on vienne les mettre en action. On sait d'avance ce qu'elles donneront si elles agissent.

Il en est d'autres, au contraire, dont on ne sait rien d'avance, sinon que les stipulations *nommées* ne sont pas les seules qui puissent être imposées *ex officio prætoris* ou *judicis*.

Toutes ces stipulations qui ont un nom, qui sont des créations du préteur sont désignées par certains textes sous le nom de *prætoriæ*. On parle de stipulations conventionnelles pour en étudier les règles générales. On parle peu des stipulations nécessaires du droit civil et des stipulations édilitiennes. On n'a pour ainsi dire à parler que des stipulations qui puisent leur caractère nécessaire dans l'édit prétorien, et parmi elles on n'étudie point toutes ces stipulations innommées pour lesquelles il n'existe aucune théorie. De là ce fait que certains textes ne distinguent que deux sortes de stipulations : les conventionnelles d'une part, et les prétoriennes d'autre part, entendant par cette dernière expression celles dont la formule se trouve dans l'édit prétorien (L. 52, pr. *de verb. obl.*).

Qu'elles soient en fait fournies *in jure, in judicio*, ou à l'amiable, c'est en ce sens qu'il faut entendre le mot *prætoriæ*, (*de stipulationibus prætoriis*, XLVI, 5), et toutes les règles indiquées par ce titre seront applicables aux stipulations dont la formule sera créée par l'édit prétorien.

Elles seront donc applicables à la stipulation *damni infecti*, car Gaius dit (IV, 31) ainsi que nous l'avons fait remarquer : « quæ in Edicto proposita est » en parlant de la *cautio damni infecti*.

Nous aurons donc à voir quelles sont ces règles.

Ces stipulations prétoriennes peuvent aussi être divisées en trois catégories, « les stipulations *judiciales* qui ont pour but d'assurer la marche d'une instance judiciaire, le respect de la chose jugée, et, s'il y a lieu, l'exécution de la condamnation, » « quæ propter judicium interponuntur, » les *cautionales* qui ne se rapportent à aucune instance et dont le but principal est de donner naissance à une action que le stipulant ne trouve pas dans le droit civil ; les *communes* enfin, qui sont les stipulations faites « judicio sistendi causa, » c'est-à dire en vue d'assurer qu'une personne régulièrement appelée *in jus* comparaîtra à jour fixé devant le magistrat. Les stipulations *cautionales* se distinguent des autres, d'après Ulpien, en ce qu'elles ressemblent à des actions : « Cautionales sunt « quæ inter actionis habent et ut sit nova actio in« tercedunt. » Toutes les stipulations prétoriennes pourtant ressemblent dans une certaine mesure à des actions, puisque toutes tendent à donner une action qui n'existerait pas sans elle. Mais ce qui est vrai, c'est que ce caractère est plus accentué encore avec les *cautionales* qu'avec les autres. Leur but en effet est exclusivement de faire naître l'obligation : tandis que le but des autres est un résultat plus éloigné, la création de l'action n'étant que le *moyen* par lequel elles y tendent. C'est parmi les *cautionales* que prend rang la stipulation *damni infecti* ; aussi plusieurs textes d'Ulpien vont jusqu'à lui donner le nom d'action. (LL. 33, 37,49 § 1).

La stipulation *damni infecti* est donc une stipulation prétorienne soumise par conséquent aux règles générales de ces stipulations qui sont les suivantes :

1° La formule de ces stipulations est écrite dans l'édit prétorien. Le stipulant n'a donc le droit d'y rien changer. Si les circonstances de fait sont telles que la formule de l'édit ne s'y rapporte pas suffisamment, il peut demander au préteur une modification que celui-ci accordera ou non, *cognita causa.*

Les parties peuvent de même entre elles, y apporter des modifications accessoires, sans que ces stipulations, que le stipulant peut forcer le prometant à lui fournir, cessent pour celà d'être regardées comme prétoriennes.

La formule typique de la *cautio damni infecti* ne nous a point été conservée. Mais un certain nombre de textes nous permettent de la conjecturer. Elle devait être ainsi conçue : « Quod ædium « arborumve tuarum, operis locive vitio intra « diem. »

Ce qui est essentiel dans cette formule, ce sont les termes indiquant que la promesse est une promesse conditionnelle de réparer un préjudice non encore produit. La formule de la *cautio damni infecti* pourra évidemment varier avec les circonstances dans lesquelles elle se produira :

1° Une conséquence de ce que la formule est écrite dans l'édit ou dictée par le préteur, c'est que c'est la volonté présumée de ce dernier qu'il faut rechercher quand les difficultés s'élèvent sur le sens de telle expression employée.

2° La satisdation qu'une stipulation prétorienne peut exiger ne peut être exigée par aucune autre garantie. Et si cette satisdation une fois fournie devient inefficace ou nulle, elle doit être renouvelée.

3° Le défendeur peut faire mentionner dans la formule de la stipulation les créances qu'il peut avoir contre le demandeur, pour que le juge saisi plus tard de l'action *ex stipulatu* les compare avec l'obligation nouvelle; les stipulations prétoriennent, au reste, contiennent implicitement la *clausula doli*, et si le défendeur a omis de faire mentionner ses créances dans la stipulation, il pourra cependant les opposer sur l'action *ex stipulatu*.

4° La stipulation peut toujours être faite par un *procurator*, un mandataire ou gérant d'affaires; l'action qui en naît sera donnée au maître de l'affaire, surtout si le *procurator* est insolvable.

Ajoutons que pour les stipulations cautionales, et par conséquent pour les stipulations *damni infecti*, le *procurator* doit fournir la *cautio de rato*.

En dehors de ces règles, la stipulation prétorienne en général suit les règles de la stipulation conventionnelle ; elle produit comme cette dernière l'action *ex stipulatu*.

Quant à la stipulation *damni infecti*, elle présente en outre une double particularité.

D'abord, le préteur y insère toujours un terme plus ou moins long suivant les circonstances, sauf au cas où le danger contre lequel le demandeur veut se prémunir vient de travaux faits par un tiers *in publico*. Dans ce cas, le terme fixé est invariablement fixé à dix ans. (L. 7, princ.). Le préteur n'a point voulu imposer au défendeur une obligation indéfinie, alors que le demandeur ne doit être garanti que contre un danger réel. C'est là une particularité curieuse, car l'obligation civile est perpétuelle, et le terme, en droit pur, ne la supprime pas. Or ici, il s'agit d'obligations civiles quoique de stipulations prétoriennes. Seulement, aux yeux du préteur, la stipulation ne vaudra que pour la durée qu'il aura fixée.

La seconde particularité que nous voulions signaler et qui donne une physionomie caractéristique à la *cautio damni infecti*, c'est que le stipulant qui se fait promettre la réparation du préjudice possible, se le fait promettre à lui, à son héritier, ou même à ses successeurs à titre particulier. Ainsi, un propriétaire se fait fournir la *cautio* par son voisin, qui vend ; l'acheteur a contre le voisin le droit conditionnel qui était né sur la tête de son vendeur (L. 11, § 10, *de damn. inf.*).

Nous connaissons maintenant d'une façon générale en quoi consiste la stipulation *damni infecti* et ce qui la caractérise, nous rechercherons dans quels cas elle a lieu de se produire, à quelles conditions elle est possible, qui doit et qui peut la fournir, qui peut l'exiger, comment elle doit être fournie.

CHAPITRE II.

DE LA STIPULATION « DAMNI INFECTI ».

I. *Cas dans lesquels il y a lieu à la stipulation « damni infecti ».*

Les textes nous indiquent un grand nombre d'hypothèses dans lesquelles cette stipulation a lieu d'intervenir.

La plus fréquente, celle au moins pour laquelle semble avoir été faite toute la procédure de la *cautio damni infecti*, est l'hypothèse où une propriété menace de causer un préjudice à la propriété voisine, soit en raison de son état actuel, par exemple, (et c'est le cas le plus fréquemment prévu), parce qu'elle contient une maison qui menace ruine, ou parce que cette maison a des *suggrunda*, des avant-toits, des *protectiones*, des ouvrages quelconques faisant saillie, ou est entourée d'arbres dont on craint la chute ; soit en raison de travaux que l'on fait sur cette propriété, travaux de construction, de démolition et de fouilles.

L'édit se réfère surtout à l'hypothèse où le danger qui menace une propriété doit venir de la propriété voisine. Mais parfois aussi la question de la *stipulatio damni infecti* peut se présenter à l'occasion d'une seule propriété, soit entre parties ayant toutes deux des droits sur cette propriété, soit entre une personne ayant un droit sur cette propriété d'une part, et d'autre part un tiers quelconque.

Un usufruitier par exemple peut prétendre à la *cautio* contre le nu-propriétaire en raison du mauvais état du terrain sur lequel est bâtie la maison dont il a l'usufruit.

Ainsi encore entre deux propriétés un mur commun existe, qui est *idoneus*, c'est-à-dire (L. 36, *de dam. inf.*) d'une solidité suffisante pour supporter des charges normales. Un des deux propriétaires veut le démolir soit pour le rebâtir d'une façon plus solide, soit pour le remplacer par un plus beau. Tout danger de chute du mur en démolition étant mise à part le voisin peut subir un préjudice provenant de ce que le travail entrepris rendra moins agréable l'habitation de sa maison, fera partir des locataires, etc. Tout cela donne lieu à la stipulation *damni infecti* (L. 37, h. t.).

Ulpien (L. 30) cite encore le cas suivant : un voisin, en vertu d'une servitude d'aqueduc qu'il a sur mon fonds, veut faire des travaux *aquæ ducendæ causa*. Il en a le droit sans doute, mais à la charge de ne pas causer de préjudice par la mauvaise confection de ses travaux. De ce chef je puis craindre un préjudice injuste et j'ai droit à être garanti. Et ce que nous disons ici des travaux faits *aquæ ducendæ causa,* ajoute le jurisconsulte (L. 30) n'est qu'un exemple : « Ad « omnia opera stipulatio accommodabitur. »

Tous ces exemples supposent la question engagée entre deux personnes ayant toutes deux des droits sur la propriété à propos de lequelle on discute. Mais on peut aussi avoir à redouter un préjudice de la part d'un tiers sans droit réel sur l'immeuble. Par exemple, un locataire qui a fait des travaux dans les lieux loués et après être sorti de la maison.

A l'expiration du bail il veut être autorisé à en enlever ce qu'il pourra, il doit la *cautio damni infecti*; il doit promettre qu'il ne causera aucune détérioration à la maison, qu'il la remettra en son état antérieur (l. 19, § 4).

« J'ai un trésor à moi dans un fonds qui vous appartient. Vous ne voulez pas me le laisser déterrer et enlever. Je n'ai pas contre vous d'action *furti* parce qu'il n'y a pas *contrectatio fraudulosa*; vous n'y touchez pas. Je n'ai pas non plus d'action *ad exhibendum* ; il faudrait que vous eussiez la possession de ce trésor ou que vous l'eussiez perdue frauduleusement, et ce n'est pas l'hypothèse; il est possible même que vous ne croyez pas à l'existence de ce trésor, en pareil cas, et du moment où je jure ne point agir dans un but de vexation, il est de toute justice de me donner une action ou de rendre en ma faveur un interdit vous défendant d'empêcher mes fouilles, si je vous offre toute garantie contre le dommage qu'elles pourraient vous causer (l. 15, D. *ad exhib.*, 10.4).

Un train de bois, mal guidé par ceux qui le montent, ou entraîné par une inondation, a pénétré sur ma propriété. Je crains qu'en travaillant à l'enlever, on n'abîme quelque chose chez moi. J'exigerai la *cautio damni infecti.* (l. 9, § 3, *de damn. inf.*; l. 5 § 4, *ad exhib.* 10. 4.)

Ces exemples montrent combien devait être pratiquée à Rome la stipulation *damni infecti*, et par suite quel intérêt en présente l'étude.

On peut encore citer la loi 1, pr. et § § 12 et 14 *de cloacis* (43,23) dont l'espèce se rapproche de celle de la loi 30 « de damno infecto » ; les lois 3 § 11 et 5 § 4 « de itinere actuque privato » (43.19) qui permettent au propriétaire sur le fonds duquel un voisin, qui possède depuis plus d'un an un droit de passage et prétend refaire le chemin, de se faire garantir par lui contre le dommage que peut lui causer injustement ce travail; la loi 24, § 7, *de damno infecto*, qu'il faut comparer à un texte d'Ulpien *ex Collatio leg. Mosaic.* (tit. XII, chap, VII, § 8), relatif au danger d'incendie que peut présenter un fourneau établi contre le mur du voisin; d'autres textes enfin tels que les lois I, pr. et § 3 *de Ripâ munienda* (XLIII,3); 13 § 9 *de Rivis* (XLIII,21); 9 § 1 *ad exhib.* (X, 4).

Il convient de remarquer que l'hypothèse où se placent et l'édit et les jurisconsultes romains pour la réglementation de cette matière est surtout celle où le *damnum infectum* menace une propriété et doit venir de la propriété voisine, spécialement de la maison voisine qui est *ruinosa*.

Remarquons que les textes ne donnent pas de règle générale pour savoir si tout *damnum infectum* donne lieu à la stipulation *damni infecti*, et, si non, quel est le genre de *damnum infectum* qui y donne lieu.

On pourrait être tenté de dire qu'il ne doit pas y avoir « cautio damni infecti », là où il y aura action si le préjudice se produit. Mais cette formule même, si vraisemblable en soi, n'est pas juste ; les textes le montrent, puisque l'on peut par exemple demander la *cautio* contre le danger d'incendie que fait craindre un fourneau bâti contre un mur de maison, et que cependant si l'incendie se déclare, l'action de la loi Aquilia sera donnée. (l. 27, § 10, *ad leg. Aq.* 9. 2).

II. *Conditions auxquelles dans les cas précédents la « cautio » peut être exigée.*

La première des conditions, celle en l'absence de laquelle toute la procédure perd sa raison d'être, c'est que le « damnum » soit « infectum » ; il faut qu'on ait à le craindre, il ne faut pas qu'il soit réalisé.

Ce n'est pas à dire que pour cela seul qu'il se réalise avant que la « cautio damni infecti » soit donnée, il n'y ait plus lieu à « cautiò ». Le contraire est prouvé par plusieurs textes et notamment par la loi 9 princip. (de damn. inf.) où l'on voit donner à un propriétaire lésé la *cautio* pour le préjudice déjà accompli parce qu'il a été mis dans l'impossibilité de demander la *cautio* à temps, soit en raison d'une absence faite pour le service de l'État, soit en raison de la rapidité avec laquelle le dommage s'est produit. On peut encore citer le cas où le dommage se produit pendant que le préteur délibère s'il doit ou non accorder la stipulation : « Prætor decernere debet, quidquid damni conti-« gerit, ut de eo quoque caveatur. » (L. 15, § 28 de damn. inf.)

Mais ces deux décisions sont d'Ulpien qui, dans toute cette matière, est souvent en contradiction avec les jurisconsultes romains; il serait donc permis de croire à une opinion personnelle de sa part.

En dehors de cette condition, « damnum nondum factum » d'autres existent : 1° La « stipulatio damni infecti » n'est pas faite pour garantir contre les dommages que pourrait causer un fait de force majeure. La règle à cet égard est très nettement posée par les textes.

La loi 24, § 3, distingue entre les causes de préjudice qui peuvent venir d'actes ou de négligences illégitimes et celles qui viennent du dehors : « Hæc « stipulatio utrum in solum damnum contineat « quod injuria fit : an vero omne damnum, quod « extrinsecus contingat ? Et Labeo quidem scri- « bit, de damno dato non posse agi, si quid terræ « motu, aut vi fluminis, aliove quo casu fortuito « acciderit. » Divers textes développent cette idée.

Des tuiles sont enlevées par le vent et vont briser les tuiles d'un toit voisin ; des arbres sont abattus par une tempête et abîment le jardin contigu ; une inondation fait crouler une maison dont la chute abîme la maison voisine. Le « damnum » ainsi causé est-il de ceux que la stipulation du Préteur a pour but de prévoir ? Cela dépend, c'est une question de fait. Il faut voir à quoi tient la chute des tuiles, des arbres, de la maison ; si elle n'a pas eu sa cause première dans la mauvaise construction du toit, dans la vétusté des arbres, dans l'état de délabrement de la maison, en un mot dans un vice de l'édifice ou dans l'état des plantations et plus généralement du lieu comme le dit la formule (L. 24, § 9) ou si l'on doit réellement attribuer ces chutes à la violence du vent ou de l'inondation. Dans ce cas alors, la stipulation « damni infecti » restera inefficace ; ce n'est pas contre de tels dangers que le préteur doit garantir la propriété, on ne peut exiger des constructions et de tout ce qu'élève la main de l'homme une solidité capable de résister à l'attaque des forces de la nature « quæ vim habent divinam », dit le jurisconsulte (L. 24, § 4.) : « Quod si hoc non « admittatur, iniquum erit, quod enim tam fir- « mum ædificium est, ut fluminis aut maris aut « tempestatis aut ruinæ, incendii, aut terræ motus « vim sustinere possit. » (L. 24, § 4.). De même le vice du sol en soi ne peut donner lieu à la *cautio*; on ne peut l'exiger du voisin en prétendant que le terrain de sa propriété menace parce qu'il est sablonneux, humide, etc. Ce sont là des vices contre lesquels il ne peut rien. Il en serait autrement s'il élevait sur ce terrain sans solidité des constructions qui dès lors seraient un danger pour le voisin.

Pour que la stipulation « damni infecti » d'ailleurs soit inefficace, il faut que ces chutes, ces écroulements qui ont causé le dommage aient été l'effet sinon immédiat du moins inévitable de ces convulsions de la nature. Il y a, une grande différence, dit Ulpien, entre le cas où une maison, par exemple, dans un état suffisant de solidité est tout à coup renversée par la violence d'un fleuve débordé et le cas où l'inondation ne fait qu'en miner les fondements de façon qu'elle s'écroule quelque temps après. Dans ce dernier cas en effet le propriétaire a pu et dû la faire démolir et veiller à ne point préjudicier à ses voisins. S'il ne l'a fait, le « damnum » causé est de ceux que l'on pouvait éviter et la stipulation produit ses effets. « Si autem aqua vitiet fundamenta et sic ædificium « ruisset, committit stipulationem ait Servius, et « Labeo probat ». (l. 24 § 5).

Au reste, les causes du dommage dont une personne n'est point responsable du chef de la stipulation prétorienne ne sont pas seulement ces accidents produits par les forces de la nature. Pour ces accidents, c'est en faveur de tous que l'irresponsabitité existe puisqu'il n'est en puissance de personne de les éviter, mais en faveur d'une personne donnée, l'irresponsabilité existe pour toutes les causes de préjudice que d'autres auraient pu détourner peut-être, mais qu'elle n'a pu empêcher. En m'obligeant par la « cautio damni infecti » je m'engage sans doute d'une façon générale à réparer tout préjudice venant des défauts absolument quelconques de la propriété à l'occasion de laquelle je fais cette promesse ; mon obligation s'étend en particulier au préjudice que pourrait causer au fonds voisin des travaux accomplis sur la propriété, cause de ma promesse, mais il n'en est plus de même si ces travaux sont faits par quelqu'un qui n'agit pas pour moi et que je ne puis empêcher de les faire. « Quanquam « autem stipulatio committitur, cum vitio operis « damnum factum sit ; tamen si opus, factum est,

« quod promissor prohibere non potuit, stipulatio « non committetur ». (l. 24 § 6). Dans quel cas une telle situation peut-elle se produire? Si le promettant n'est pas le propriétaire du fonds sur lequel les travaux sont faits, il est facile de comprendre comment la situation peut se présenter. S'il est le propriétaire, il suffit de rappeler que nous avons nous même cité des textes qui prévoient de telles hypothèses. Un propriétaire peut être obligé de laisser faire sur son fonds les travaux nécessaires par exemple à l'exercice d'une servitude d'aqueduc, à la réparation d'égouts qui traversent sa propriété, à un enlèvement par un locataire des choses de valeur qu'il aurait attachées à la maison louée et qu'il voudrait reprendre, à l'extraction du trésor enfoui dans son fonds et appartenant à un tiers. Dans tous ces cas, la stipulation prétorienne ne pourrait rien contre celui qui lui-même ne peut rien contre ces travaux pourvu bien entendu, c'est là une restriction que les textes n'indiquent pas et qu'il est presque inutile d'indiquer, pourvu qu'il ne se soit pas mis par malice dans la situation de ne pouvoir empêcher de tels travaux.

Ces remarques suffisent à montrer ce qu'il faut entendre par cette première règle posée par nous : pour que la « cautio damni infecti » garantisse contre une cause possible de préjudice, il faut que cette cause soit de celles que l'homme ou le promettant en particulier peut empêcher de se produire. « Quod damnum datum est, cui nulla ope « occurri poterit, stipulationem non tenere. »

2° Une seconde règle sera la suivante :

Que l'ouvrage qui fait craindre un préjudice ne doit pas être purement et simplement l'exercice d'un droit ou d'une faculté et doit au contraire léser un droit. Ainsi, au nombre des hypothéses pouvant donner lieu à la *cautio*, j'ai cité le cas où le propriétaire qui a sur le fonds de son voisin une servitude d'aqueduc, des travaux sont nécessaires pour l'exercer. Le préjudice qui résultera de l'exercice normal de ce droit ne peut donner lieu à aucune *cautio* et le texte qui, dans cette hypothèse parle de stipulation « damni infecti » a soin de préciser qu'il ne s'agit qus du « damnum » pouvant venir « ex vitio operis » : « Damni infecti stipulatio « pertinet si quid ejus operis quod in fundo meo « aquæ ducendæ causa, vitio damnum mihi con« tigerit. » L. 30 D. h. tit.

Ainsi encore, dit Trebatius l. 24 § 12 : « In domo « mea puteum aperio ; quo aperto venæ putei tui « præcisæ sunt : an tenear ? Ait Trebatius non te« neri me damni infecti : neque enim existimari, « operis mei vitio damnum tibi dari in ea re in « qua jure meo usus sum. » Ainsi enfin vous augmentez la hauteur de votre maison sans dépasser les limites de votre droit et par là vous obstruez mes jours ou bien vous faites sur votre fonds des bassins qui détournent l'eau qui m'arrivait. Ces préjudices ne sont pas au nombre de ceux contre lesquels la stipulation prétorienne me garantit. Pourquoi? Parce que les travaux que j'ai faits ainsi dans l'exercice de mon droit ne peuvent être considérés comme vicieux à votre égard : puis à parler exactement, le préjudice souffert ne peut s'appeler un « damnum » car « damnum et damna- « tio ab ademptione et quasi deminutione patri- « monii dicta sunt. » (L. 3 de dam. inf.) Or vous n'aviez pas de droit acquis au bénéfice dont vous jouissez. Vous n'en jouissiez que parce que je n'exerçais pas mes droits. Les exerçant, je cesse de vous laisser faire un gain qui ne pouvait être considéré comme étant acquis : « Proculus ait « cum quis jure quid in suo feceret, quamvis pro- « misset damni infecti vicino, non tamen eum « teneri stipulatione :....scilicet qua non debeat « videri is damnum facere qui eo veluti lucro, quo « adhuc utebatur, prohibetur : multumque inte- « resse utrum damnum quis faciat, an lucro quod « adhuc faciebat, uti prohibeatur; mihi videtur « vera esse Proculi sententia. » (Ulpien l. 26 h. t).

Il est bien entendu, au reste que l'exercice des droits contenus dans la propriété peut finir en fait par porter atteinte aux droits des propriétaires voisins et que cessant d'être légitime, il peut donner lieu à la stipulation. « Si tam alte fodiam in « meo, ut paries tuus stare non possit, damni in-

« fecti stipulatio committetur. » 1. 24, § 12 *in fine.*

3° Une dernière condition enfin pour que le *damnum infectum* puisse être prévu par la *cautio* dont nous nous occupons est qu'il ne vienne pas de travavx faits *publicè*. Il faut entendre par là, non point des travaux faits en son nom particulier sur un terrain public, car de ce chef, il devrait la *cautio* mais des travaux faits avec frais du trésor public et dans un intérêt public. « Ad ea opera stipulatio pertinet quæcunque « privatum fiant. Quid ergo si publicè opus « fiat ? de vitio ejus quod faciemus ? Et « plane, vel princeps adeundus est, vel si, in « provincia fiat, præses provinciæ. » l. 24 princip. On n'a donc dans ce cas qu'un recours par la voie gracieuse au prince ou au président de la province.

III. *Qui doit et qui peut fournir la « cautio ».*

La réponse à cette question dépend du danger contre lequel on veut se prémunir.

La cause du préjudice qui vous menace est-elle simplement, comme dans les hypothèses des diverses lois citées plus haut, des travaux exécutés par un tiers sur votre propre fonds, il est clair que c'est à lui seul que l'on doit demander la *cautio*.

Consiste-t-elle dans des travaux entrepris sur le fonds voisin ? Si c'est le propriétaire lui-même qui les entreprend, c'est à lui seul que l'on peut s'adresser; si c'est un tiers agissant au nom du propriétaire, on peut s'adresser à l'un ou à l'autre ; par tiers agissant au nom du propriétaire, il ne faut pas entendre les ouvriers qui ne sont là en quelque sorte comme des instruments; mais il n'en faudrait pas dire autant de l'entrepreneur, surtout ainsi que nous le disons actuellement, s'il avait pris le travail à forfait.

Si enfin ces travaux entrepris sur le fonds voisin sont faits par un tiers en son propre nom ou au nom d'un autre que le propriétaire, on peut en principe exiger la *cautio* de celui qui les exécute, mais on peut même aussi l'exiger du propriétaire du fonds ; il est responsable de tout dommage pouvant venir de sa propriété ; il n'y a d'exception à cette règle que celle déjà indiquée : le cas où lui-même n'est pas en droit d'empêcher ces travaux.

Dans cette hypothèse, on le voit, et dans les hypothèses du même genre, la réponse à la question posée varie suivant les circonstances de fait qui se présentent.

Mais si l'on se place dans l'hypothèse ordinaire, dans celle où il s'agit d'une maison qui menace de tomber sur une propriété voisine : c'est au propriétaire et à lui seul que l'on doit s'adresser.

Le but de cette procédure est, si l'on n'arrive pas à une *cautio*, d'arriver à la propriété de la maison qui menace la votre pour être en droit de faire ce qui vous semblera nécessaire à la sécurité de votre maison, il est donc clair que l'on doit proposer la *cautio*. Il semble vrai également de dire que c'est à lui seul qu'il faut s'adresser, car il est impossible que le préteur ait prétendu imposer au demandeur, dans cette instance qui exige tant de célérité, la recherche de tous ceux qui peuvent avoir des droits sur l'immeuble, alors que dans l'hypothèse où la maison est litigieuse, il ordonne ainsi que nous le verrons, que le possesseur soit considéré provisoirement comme propriétaire, pour que le demandeur, nous dit-on, n'ait pas à rechercher le véritable propriétaire. Donc c'est à lui et à lui seul que l'on doit demander la *cautio*.

Cette formule, au reste, appelle quelques observations :

1° Supposons qu'un autre voisin se soit avant vous inquiété de l'état de la maison qui menace les propriétés voisines ; il a demandé la *cautio* au propriétaire qui la lui a refusée; il a été envoyé en possession, puis, le refus du propriétaire subsistant, il a été par le second décret du préteur ce que les textes appellent « jussus possidere, cons- « titus dominus ». C'est à lui que l'on doit s'adresser (L. 15, § 17). En cette matière, institution toute prétorienne, le propriétaire, c'est le propriédu droit prétorien.

2º Si la maison appartient à plusieurs copropriétaires par indivis, chacun dans la *cautio* pour sa part, mais pour sa part seulement : « Si plures « domini sint vitiosarum ædium, pro sua quis- « que parte promittere debet : in singuli in soli- « dum obligentur. » (L. 27, de dam. inf.)

3º Supposons litigieux la propriété qui menace la votre. Faudra-t-il rechercher d'abord quel est le véritable propriétaire ? Pomponius (L. 37, § 1) donne la réponse : comme il serait injuste de forcer celui qu'elle menace à faire cette recherche, c'est le possesseur qui aura la charge de la *cautio :* « Si domus in controversia sit : dicendum est « damni infecti onus possessoris esse... Nam ini- « quum est stipulatorem compelli, relicto prædio, « ex quo damnum vereatur, dominum quœrere. » Cette décision ne peut d'ordinaire causer un préjudice bien grave à celui qui a promis et qui perdrait ensuite son procès, s'il a presté quelque chose en vertu de sa promesse, « imputare domini prædii possit. » S'il refuse la *cautio*, la procédure continuera par l'envoi en possession.

4º Supposons enfin que celui auquel on demande la *cautio* comme étant propriétaire de la maison *ruinosa* proteste contre ce titre. Faudra-t-il établir d'abord contre lui le bien fondé de votre prétention ? Mais dans l'intervalle la maison pourra s'écrouler. Paul semble répondre à cette question, dans la loi 21, § 1 : « Si controversia sit, dominus « sit necne, is a quo cautio exigitur, sub excep- « tione satisdare jubetur. » Mais l'hypothèse prévue n'est pas celle résolue dans ce texte sur lequel nous aurons à revenir. Disons seulement que dans le cas où il y aurait entre les deux parties la contestation prévue, le demandeur prétendant que le défendeur est propriétaire et ce dernier le niant, la seule décision possible serait d'ordonner *sub exceptione* une simple *repromissio* et non une *satisdatio* comme il le fait.

Mais si l'on n'est forcé de s'adresser qu'au propriétaire pour obtenir la *cautio*, il est des personnes qui ont intérêt à fournir elles-mêmes cette *cautio*. Ce sont tous ceux qui ont des droits sur la propriété. Leur intérêt est manifeste puisque le second décret du préteur en donnant au demandeur la possession de la propriété leur enlèvera l'exercice de leurs droits, ainsi que nous le verrons et même on préparera l'extinction *ipso jure* puisqu'elle mettra le demandeur *in causa usucapiendi*.

Tous ceux qui ont ainsi des droits sur la chose, l'usufruitier, le créancier gagiste, le superficiaire, etc., peuvent valablement fournir la *cautio*. C'est un droit pour eux. Gaius nous l'indique clairement (L. 19, h. t.). « Au cas, dit-il, où le défaut de *cautio* vient d'une absence faite de bonne foi, on ne perd pas le droit que l'on avait de la fournir, » « jus non corrumpitur sive domini sint, « sive aliquid in ea re jus habeant. » Quelquefois même c'est plus qu'un droit pour eux, c'est une obligation. Ainsi l'usufruitier a le droit de vous offrir la *cautio* à vous qui la demandez; vis-à-vis du nu-propriétaire, c'est pour lui une obligation de vous l'offrir. « Idem Celsus ait, nous dit Ul- « pien L. 9, § 5, eum quoque fructuarium qui non « reficit, a domino utifrui prohibendum : ergo et « si de damno infecto non cavet, dominusque « compulsus est repromittere, prohiberi debet « frui. »

Ainsi quand on veut se faire assurer par la *cautio damni infecti* contre les dangers que peut présenter la propriété voisine, on peut s'adresser à un certain nombre de personnes différentes, car en fait, il y aura toujours un certain nombre d'intéressés à ce que l'on ne soit pas mis en possession de cette propriété et en voie de l'usucaper; mais il n'en est qu'une à laquelle on soit forcé de demander la *cautio* pour pouvoir à son refus être envoyé en possession; c'est le propriétaire, celui qui est propriétaire en droit prétorien. S'il refuse, la procédure continue sans qu'il soit besoin de s'adresser à d'autres, seulement, si l'on n'est obligé de s'adresser à personne en dehors de lui, il en est d'autres qui ont le droit de fournir, d'imposer la *cautio* que le propriétaire refuse, ce sont tous ceux qui ont un droit sur l'immeuble. Pour arriver à la possession, c'est-à-dire au second décret du préteur, il faut que pas un d'eux ne soit venu offrir la *cautio* vainement demandée au propriétaire. Aucun texte ne permet de penser qu'en dehors du propriétaire et des tiers ayant un droit réel, un tiers quelconque même ayant un *jus ad rem* put forcer à accepter sa *cautio* en son propre nom, car comme mandataire ou gérant d'affaires, il le peut.

IV. *Qui peut exiger la « cautio »?*

A qui le préteur accorde la *cautio?* Son édit nous répond : « Ei qui juraverit non calumnia « causa id se postulare eumve cujus nomine aget, « postulatum fuisse. » Donc, c'est à toute personne agissant en son nom qui jurera ne point agir par esprit de chicane et de vexation, à toute personne agissant au nom d'une autre et jurant que ce serait à bon droit que cette autre personne agirait.

La formule est bien large : « Quisquis igitur ju- « raverit de calumnia, » nous dit Ulpien, « ad- « mittitur ad stipulationem. Et non inquiretur « utrum interiit ejus, an non, vicinas ædes ha- « beat an non habeat? » (L. 13, § 3). Il est clair qu'en fait, le bénéfice de la *cautio* ne peut être distribué d'une main aussi libérale. « Totum..... « hoc jurisdictioni prætoriæ subjiciendum, cui ca- « vendum sit cui non. » (Eod. loc.). A qui accordera-t-on la caution ? C'est là une affaire d'appréciation pour le préteur.

Cependant les jurisconsultes tracent les règles qu'il devra suivre, et cherchent à dresser une liste de ceux qui ont droit à la caution, et des conditions auxquelles il leur faut satisfaire pour y avoir droit.

Une première restriction apportée par les textes à la formule si large de l'édit est celle que nous trouvons écrite à la loi 13, § 4 de notre titre. Le jurisconsulte vient de répéter avec le préteur : « A droit à la *cautio* quiconque prête le serment *de calumnia.* » « Il est bien clair, au reste, s'empresse-t-il d'ajouter, que cette formule ne tend pas à vous imposer la *cautio* envers ceux, par exemple, qui se promènent dans votre propriété, ou viennent laver à votre fontaine, ou logent à votre auberge. » Et aucun autre texte ne reviendra sur l'idée si bien mise en lumière par ces exemples, c'est que la *cautio damni infecti* est faite pour ceux-là seulement qui ne pourraient se mettre à l'abri du préjudice qu'ils craignent sans abandonner l'exercice d'un droit.

Quels sont les droits que le préteur a jugés assez dignes de protection pour donner à ceux qui les ont la garantie de la *cautio*?

Les premières personnes auxquelles est accordée la *cautio* sont évidemmenf les propriétaires des maisons. Seulement, il faut remarquer que par propriétaires, on entend ici ceux qui ont la propriété selon le droit prétorien, c'est-à-dire ceux qui ont l'*in bonis* ou bien ceux qui ont le *dominium exjure Quiritium*, pourvu que leur *dominium* ne soit pas méconnu par le préteur. Cette remarque est évidente. Il est clair qu'en une matière où tout est de sa création, le préteur ne tient pas compte des droits qui existent pour lui sans exister pour le droit romain.

Mais en dehors des propriétaires, à qui peut peut être accordée la *cautio?* Paul nous répond : « Damni infecti stipulatio competit non tantum « ei cujus in bonis res est, sed etiam cujus peri- « culo est. » (L. 18, pr.).

Un acheteur, par exemple, avant tradition de la maison qu'il achète fait la stipulation. Elle ne vaudra que pour le préjudice accompli depuis la tradition, et cela, parce que jusqu'à ce moment la chose n'était pas *in bonis ejus*, et que d'autre part, elle n'était pas non plus à ses risques. Il y a donc ici double raison pour que la *cautio* ne lui soit pas due, comme le dit la loi 36 *de act. empt.* (19, 1). « Venditor domus antequam tradat, damni in- « fecti stipulationem interponere debet, quia an- « tequam vacuam possessionem tradat, custo- « diam et diligentiam præstare debet, et pars est

« custodia diligentiaque hanc interponere stipula« tionem; et ideo ei id neglexerit, tenebitur emp« tori. » Mais supposons que pour des raisons exceptionnelles, le vendeur ne soit pas responsable de ne pas réclamer la *cautio* pour en transmettre le bénéfice à un acheteur; par exemple, il lui a donné la possession précaire et lui a délégué aussi la garde de la maison achetée. En pareil cas, l'acheteur n'aura-t-il pas droit à la stipulation? « N'est-ce pas lui qui est exposé au préjudice, comme le dit la loi 18, § 7? » S'il est vrai que la propriété menacée n'est pas encore sienne, n'est-il pas vrai du moins que c'est sur lui que retombera le dommage, puisqu'il n'aura pas de recours? Aussi la loi répond-elle : « Tunc certe « utiliter dabitur stipulatio. »

Nous voilà donc déjà en présence d'une liste de personnes ayant droit d'une façon générale à la *cautio*. Il y a les propriétaires pourvu qu'ils ne soient pas déchus de leur propriété aux yeux du droit prétorien. Il y a ceux qui ont l'*in bonis*. Il y a enfin ceux qui sans avoir aucun droit dans le bien menacé, ont du moins ce bien à leurs risques et périls.

Très probablement, on s'en tint à cette liste pendant assez longtemps, mais les progrès du droit l'élargirent peu à peu. C'est ainsi qu'Ulpien nous cite comme ayant droit à la *cautio*, le locataire et tous ceux qui habitent avec lui; l'usufruitier, le superficiaire, le créancier qui a un *pignus* sur le bien menacé (l. 13, §§ 5 et 8 h. tit.), la question a même été posée pour le créancier gagiste par Marcellus et a dû finalement aboutir à la solution affirmative.

Seulement c'est par un lent progrès que l'on arriva à élargir ainsi le cercle des personnes qui ont droit à la *cautio*, et les textes conservent les traces des discussions qui accueillent chaque adjonction nouvelle.

Labéon avait donné la caution aux locataires et à leurs femmes. C'est de là que part Ulpien pour l'étendre à tous ceux qui habitent avec eux. Pour le superficiaire et l'usufruitier, l'ancienne controverse est expressément rappelée ; « damni infecti « utiliter stipulari hodie constat » l. 13, § 8. Quant au créancier gagiste, la discussion engagée par Marcellus et tranchée par lui dans le sens défavorable au créancier ne paraît pas encore finie au temps d'Ulpien (loi 11 h. tit.).

Le possesseur de bonne foi ne figure pas sur la liste que nous venons de dresser : « Ei qui bonâ « fide a non domino emit damni infecti stipula« tionem non competere Marcellus ait. » (l. 13, § 9). « *Nam nec in hujus persona committi stipulationem.* » (l. 11). Ulpien lui-même ne semble pas repousser cette opinion rigoureuse de Marcellus. Le possesseur même de bonne foi ne semble pas en situation de mériter le bénéfice de la *cautio*.

Nous avons droit à la *cautio* dans une espèce donnée, il ne suffit pas de se trouver dans la catégorie de ceux qui y ont droit d'une façon générale. Le bénéfice de la *cautio* peut être refusé pour diverses causes.

1° Un propriétaire a laissé élever un tombeau tout près de sa maison. Si plus tard ce tombeau menace de causer un dommage aux murs de sa propriété, il ne pourra réclamer la *cautio damni infecti* « quia rem illicitam admisit. » On sait en effet que la loi des XII Tables défendait de construire un sépulcre près de la maison d'autrui à une distance moindre de 60 pieds. La même déchéance bien entendu frappe celui qui a lui-même élevé sa maison près d'un *monumentum* déjà existant (l. 13, § 7).

2° Un propriétaire qui a deux maisons voisines l'une de l'autre reçoit l'ordre de donner *cautio* pour l'une d'elles et refuse. Le demandeur *jussus possidere* doit lui-même la *cautio damni infecti* aux propriétaires des maisons voisines, mais il ne la doit pas par exception à celui-là même contre lequel l'envoi en possession a été prononcé, et qui a pourtant une autre maison dans le voisinage. « Sane parum probe postulat ab eo cavere sibi « earum ædium nomine, quarum ipse cavere su- « persedit. » (l. 13, § 11.)

3° Enfin, pour avoir droit à la *cautio*, il ne faut pas avoir d'autre garantie possible contre le danger que l'on craint quand même la garantie que l'on aurait serait moins bonne. « Quod aliâ actione « quæri potest, id in stipulationem damni infecti « omnino non deducitur. » l. 18, § 9. Le principe contenu dans cette règle reçoit d'intéressantes applications. Le propriétaire d'une maison a une part indivise dans la propriété d'une maison voisine, laquelle menace ruine et a besoin d'être étayée. A-t-il contre son co-propriétaire, à raison du danger que cette maison fait courir à celle dont il a la propriété exclusive, droit à la stipulation « damni infecti » pour la portion de ce co-propriétaire? La majorité des jurisconsultes l'admet. Gaius, au contraire, la lui refuse. « Movet me, « dit-il, quod ipse meas ædes reficere possim, et « impensas pro socio aut communi dividundo ju- « dicio, pro parte consequi. » En effet, continue-t-il, dans le cas où je n'aurai pas de maison voisine de la maison qui nous est commune et qui menace ruine, on me refuserait la « cautio » en raison des actions que j'ai pour me faire rembourser mes impenses « quià alia ratione damnum « mihi posset sarciri. » La conclusion à tirer de cette décision c'est que la stipulation est inutile, quand une autre garantie existe, « quo casu dam- « num alia actione sarciri possit »; or, c'est précisément ce qui se produit dans l'hypothèse qui nous occupe, celle où l'un des co-propriétaires de la maison « ruinosa » est propriétaire d'une maison voisine. l. 32.

L'usufruitier d'une maison qui menace ruine, s'il est en même temps propriétaire d'une maison voisine, n'aura de même aucun droit d'exiger la stipulation du nu-propriétaire contre le danger qui vient « ex ædium vitio. » Il peut, s'il le veut, réparer la maison : « Reficiendi habet facultatem, « nam qui viri arbitratu uti deberet, reficere quo- « que potestatem consequitur. » L. 18, § 2. Quant au remboursement de ses impenses, il lui est garanti par le droit qu'il a de ne pas abandonner la maison ou le terrain sur lequel elle est bâtie sans indemnité. L. 22. Il n'aurait droit à la « cautio » que contre le danger venant « ex vitio soli ». l. 20.

Quant au nu-propriétaire, il ne peut évidemment avoir la caution contre l'usufruitier, ni pour le danger qui peut venir *ex vitio loci* ou *ædium*, ni pour celui qui peut venir des travaux faits par lui, ni enfin pour celui qui peut venir d'une maison voisine appartenant à ce même usufruitier. Le premier, en effet, ne regarde pas l'usufruitier : « Refectio ædium « ad ejus ipsius onus non pertinet. » (L. 20). Quant au second, le propriétaire est déjà garanti : « Quia « usitata stipulatio qua de re restituenda fructua- « rius cavet, ad hunc quoque casum porrigitur. » (L. 20, *in fine*). En ce qui concerne enfin la troisième cause possible du dommage, il suffit de rappeler que l'usufruitier est obligé de jouir en bon père de famille, par conséquent à veiller à ce qu'aucun dommage ne soit causé à la maison dont il a l'usufruit par les maisons voisines, par la sienne en particulier. De ce chef encore, le nu-propriétaire est donc garanti sans stipulation *damni infecti.* (L. 18, § 2.)

Ce que nous disons de l'usufruitier et du nu-propriétaire est vrai aussi du locataire et du pro priétaire. Si la maison louée menace ruine, le locataire n'a pas la *cautio damni infecti* en raison du préjudice que l'écroulement de la maison pourrait lui causer s'il continuait à l'habiter : « Quia « possit ex conducto agere, si dominus eum mi-« grare prohiberet. » (L. 33). Il ne l'aura pas non plus en raison du préjudice que pourrait lui causer un vice du sol, en faisant écrouler ce qu'il aurait bâti sur le terrain loué. Pour tout ce qui l'empêche d'avoir l'utile jouissance de la chose louée, il a l'action née du louage; cette action vaut moins sans doute que l'action *ex stipulatu*, puisque cette dernière donnerait droit à la réparation du préjudice tout entier, mais elle suffit pour faire écarter la *cautio*. Ce même locataire, à l'inverse, aurait droit à la *cautio* pour le danger que le mauvais état de la maison louée ferait courir à une maisine dont il serait propriétaire. Ici, en effet, les actions de louage n'existeront plus. (L. 18, §§ 3 et 4.)

V. *En quoi consiste la « cautio damni infecti », en une « repromissio » ou en une « satisdatio? »*

La grande majorité des stipulations prétoriennes exigent une satisdation; un très petit nombre n'exigent qu'une promesse personnelle; il en est enfin qui exigent tantôt une simple promesse, tantôt une satisdation suivant les cas. C'est au nombre de ces dernières que se place la stipulation *damni infecti*. (L. 1, §§ 5 et 7 *de stpul. præt.* 46, 5.)

Dans quel cas exigent-elles une satisdation? Dans quel cas suffit-il d'une promesse personnelle? A cette question, l'édit du préteur répond : « Damni infecti suo nomine promitti, alieno sa- « tisdari jubebo. » (Ulpien, l. 7). On doit *satisdare* lorsque l'on fournit la *cautio alieno nomine*, on peut se contenter de s'engager personnellement lorsqu'on la fournit *suo nomine*, mais que faut-il entendre par ces expressions?

Les textes essaient de les expliquer par des exemples à propos desquels, au reste, les jurisconsultes romains ne sont pas toujours d'accord.

Le propriétaire auquel on demande la *cautio*, pour quelque cause que ce soit en raison du maumais état de sa maison, ou en raison des travaux que lui ou un tiers accomplissent sur son fonds ne doit que la simple promesse. Sur ce point tout le monde est d'accord, mais c'est le seul.

Suivant Ulpien, par exemple, il faut assimiler au propriétaire quiconque a un droit sur la chose à propos de laquelle la *cautio* est réclamée. Celui qui a un droit sur la chose fournit la *cautio* dans son propre intérêt, pour ne pas être privé de ce droit, *suo nomine* par conséquent, et, par suite, ne doit que sa promesse personnelle : « Sive cor« poris dominus, sive is qui jus habet (utputa servi« tutem, de damno infecto caveat, puto eum re« mittere debere, non satisdare quia suo nomine « id facit, non alieno. » (L. 13, § 1.) On voit qu'Ulpien ne donne cette solution que comme une opinion personnelle et la loi 10, en effet, nous montre Paul exigeant de l'usufruitier une satisdation. Ainsi désaccord en ce qui regarde l'usufruitier, désaccord aussi quand il s'agit du créancier qui a un *pignus* sur la chose, désaccord en ce qui concerne le superficiaire. « Quid de creditore dice« mus, qui pignus accepit? Utrum repromittere « quia suum jus tuetur : an satisdare, quia do« minus non est debebit ? » C'est Ulpien qui pose ainsi la question (L. 11); on sait quelle est sa solution, mais on voit aussi que la question existe : « Quæsitum est, dit-il, loi 9, § 4, si solum sit alte« rius, superficies alterius, superficiarius utrùm « repromittere damni infecti, an satisdare debeat ? » C'est Ulpien qui pose ainsi ces deux questions ; on voit que la controverse existait.

Même désaccord quand il s'agit de celui qui doit

la caution au propriétaire du fonds sur lequel il a le droit de faire certains travaux, en vertu d'une servitude d'aqueduc, par exemple : « Utrùm autem de hoc opere promittere an satisdare debeat, « videamus? Movet, quod in alieno facit : qui « autem de alieno cavet, satisdare debet : qui de « suo, repromittere. Undè Labeo putebat eum, « qui modulorum aut rivi faciendi causâ opus fa- « ceret; etiam satisdare debere, qua et in alieno « solo faceret; sed cum de opere quod faciet, exi- « gatur stipulatio; consequens erit dicere, suffi- « cere repromissionem : quodammodo enim de re « sua cavet. » (L. 30, § 1).

On voit où est la question. Pour la majorité des jurisconsultes, il ne s'agit que d'une chose, savoir : si celui qui doit la *cautio* la doit ou non à propos de sa propriété *de suo* ou *de aliena re*.

Pour Ulpien, au contraire, il s'agit de savoir pour quelle cause on doit fournir ou pourquoi l'on fournit la *cautio*. Celui qui la fournit pour sauvegarder un droit qu'il a sur la chose ne peut pourtant pas être considéré comme devant la *cautio*, *alieno nomine*, et comme il le dit dans la dernière loi citée relative aux travauvx faits sur le fonds d'autrui; puisque ce sont les travaux que l'on fait qui donnent lieu à la caution, puisque c'est en raison de ces travaux qu'on la doit, on ne peut dire qu'on la fournit *alieno nomine ;* en un certain sens c'est en raison de sa *res* que l'on doit la garantie.

Dans cette circonstance, c'est certainement Ulpien qui avait tout. Le texte même de l'édit montre que pour le préteur, la seule question que soulevait le point de savoir s'il fallait *satisdare* ou simplement *repromittere* était celle de savoir si l'on était propriétaire ou non, « Si controversia « sit, dominus sic necne qui caverit sub exceptione satisdare jubebo. »

La contestation dont il s'agit ici, *dominus necne qui caverit* peut se produire de deux façons différentes. Ou bien c'est le demandeur qui prétend que le défendeur est propriétaire, et ce dernier le conteste : ou bien c'est le demandeur qui prétend que le défendeur n'est pas propriétaire et le défendeur qui prétend l'être. C'est cette seconde hypothèse qui est celle du texte ; en effet, le défendeur ne peut avoir intérêt à nier le titre de propriétaire qu'on lui attribue que pour n'avoir à fournir aucune *cautio*, puisque s'il consentait à la fournir tout en niant être propriétaire, l'édit lui imposerait une satisdation. Ainsi quand la contestation vient de ce que le défendeur nie être propriétaire, la question entre les deux parties ne peut être que celle de savoir si le défendeur doit la *r promissio;* ce n'est donc pas cette hypothèse que prévoit le préteur puisque ce qu'il impose au défendeur *sub exceptione* ce n'est pas une *repromissio* c'est une *satisdatio.*

L'hypothèse au texte est celle où c'est le deman

deur qui nie le titre de propriétaire du défendeur et ce dernier qui se l'attribue. Or, quel intérêt peut avoir le demandeur à nier la propriété du défendeur ? Un seul, de le forcer à donner satisdation plutôt qu'à fournir une simple promesse personnelle.

La solution du préteur est que le défendeur doit la satisdation *sub exceptione*, c'est-à-dire une satisdation conditionnelle subordonnée à cette condition que le demandeur prouvera au juge qu'il avait raison. C'est donc que la question qui s'agitait entre les parties sous la forme *dominus sit necne* était celle de savoir s'il y avait lieu non pas seulement à *cautio* mais à *satisdatio*.

Ainsi, l'un affirme être propriétaire pour n'avoir qu'une promesse personnelle à faire, l'autre nie que le défendeur soit propriétaire pour le forcer à *satisdare*.

Prouver qu'il n'est pas propriétaire, c'est prouver qu'il doit des fidéjusseurs.

Il semble qu'Ulpien avait tort au moins pour l'hypothèse à laquelle l'édit se rapporte, surtout celle où les parties sont deux voisins dont l'un craint un préjudice devant venir du fonds contigu. Dans cette hypothèse, en effet, il est très juste de dire que le propriétaire seul fournit la *cautio suo nomine*. Tous ceux, en effet, qui peuvent en fait vouloir la fournir n'y sont pas obligés, nous l'avons vu; ce n'est pas eux que l'affaire regarde, parce qu'en droit elle ne peut regarder que le maître de l'objet qui peut devenir une *noxa*. C'est donc bien en droit pour le propriétaire qu'ils fournissent la *cautio*, par conséquent *alieno nomine*. Les expressions de l'édit se comprennent parfaitement ainsi.

Quant aux autres hypothèses, à celles par exemple où il s'agit de prévoir non pas le danger que peut présenter une propriété pour une propriété voisine, mais le danger que présente pour une propriété des travaux faits sur cette propriété par un tiers, le texte de l'édit ne s'y rapporte pas. On ne peut dire que celui qui doit la *cautio* en raison des travaux qu'il entreprend la doit *alieno nomine*, c'est trop clair ; mais que prouve cette observation ? qu'il ne doit qu'une promesse personnelle, répond Ulpien. Non, peut-on répliquer, cela prouve seulement que l'édit n'est pas écrit pour ce genre d'hypothèse particulière. Ce qu'il faut dès lors consulter, c'est l'intention probable du préteur. Or la question ainsi posée paraît devoir être résolue contre Ulpien, si l'on se rappelle ce que lui-même dit des stipulations prétoriennes : « Perpaucæ sunt quæ nudam repromissionem habent, quibus enumeratis, apparebit cæteras non « esse repromissiones, sed satisdationes. » (l. 1, § 5, *de stip. prætor.* 46, 5.)

En résumé, on doit la *cautio* par simple promesse quand on la doit *de suo*, par *satisdatio*, quand on la doit *de alieno*.

Au cas où il y a contestation sur le point de savoir non pas si le défendeur doit la *cautio,* mais s'il la doit par promesse ou par satisdation, nous avons vu que le préteur ordonnait la satisdation *sub exceptione* ; c'est-à-dire, il nous semble, que quand le demandeur sera revenu devant le préteur pour lui demander soit une action *in factum* contre le défendeur qui n'aura pas voulu le laisser entrer en possession, soit l'action *ex stipulatu* fictice que nous verrons bientôt pour la réparation du préjudice qui se sera accompli depuis la demande de *cautio*, le préteur mettra dans la formule de l'action qu'il délivrera une exception rappelant la discussion qui s'est élevée entre les parties. Il subordonnera l'ordre de condamnation donné au juge à cette condition qu'il lui paraîtra prouvé que le défendeur n'était pas propriétaire au moment de la demande de *satisdatio.*

Nous savons maintenant ce qu'est la stipulation *damni infecti* et à quelles règles en est soumise la concession. Supposons qu'en fait toutes les conditions requises soient réunies et voyons ce qui va se produire. Étudions les décrets qui vont intervenir, les actions qui vont être délivrées suivant les cas.

CHAPITRE III.

PREMIER DÉCRET DU PRÉTEUR.

I. *Contenu de ce décret.*

La procédure par laquelle on arrivait jusqu'au préteur pour lui demander la stipulation nous est inconnue. Transportons-nous donc immédiatement à l'instant où le préteur, le président de la province ou le magistrat municipal auquel ils auraient déféré leurs pouvoirs, *celeritatis causâ*, à l'instant, dis-je, où le magistrat, *cognitâ causâ*, juge fondée la demande de celui qui réclame la *cautio*.

Il rend un décret par lequel il ordonne au défendeur de fournir la *cautio*, et par lequel en même temps dans les cas où les faits s'y prêtent, c'est-à-dire (dans les cas où le danger que l'on craint doit venir d'une chose susceptible de possession) il envoie le demandeur en possession de cette chose, pour le cas où la *cautio* ne serait pas fournie dans un délai qu'il fixe. Ainsi, dans l'hypothèse où l'on se place d'ordinaire pour cette étude, le décret du préteur contient deux parties distinctes : l'ordre de fournir la *cautio*, un envoi en possession conditionnel. Cujas est d'une opinion contraire ; il voit trois décrets différents. Nous avons déjà fait remarquer que le préteur, au cas de refus persistant de la *cautio*, finissait par déclarer le demandeur propriétaire, propriétaire selon le droit prétorien bien entendu. C'est là, pour Cujas, l'effet du troisième décret. D'après lui, il y en a donc un pour ordonner la *cautio ;* un autre, quand le refus de la *cautio* est bien constaté pour prononcer l'envoi en possession; un troisième enfin pour donner au demandeur l'*in bonis* sur la propriété qui menace la sienne.

D'après l'opinion généralement reçue, au contraire, et qui était déjà celle de Doneau, ces deux prétendus premiers décrets n'en font qu'un. Cette doctrine semble plus vraisemblable et peut s'appuyer sur un texte.

Elle est plus vraisemblable en effet, le préteur peut difficilement imposer au défendeur une *cautio* immédiate, et cela, pour deux raisons surtout : cette *cautio* peut être une *satisdatio;* il faut au défendeur le temps de trouver des fidéjusseurs ; puis le moment où viennent de finir les débats qui ont donné tort à l'une des parties, est mal choisi pour lui demander une promesse à laquelle on veut arriver.

Le préteur n'exigera donc pas que l'on fasse la promesse immédiatement et devant lui.

D'autre part, renvoyant les parties sans faire faire la stipulation, le préteur ne devait pas non plus forcer à revenir *in jure* quelque temps après pour la constatation du refus de *cautio* et pour l'envoi en possession surtout quand il lui était si facile d'éviter cet inconvénient en prononçant un envoi en possession sous condition; c'est d'autant plus probable que cet envoi en possession, mis à à côté de l'ordre de fournir la *cautio* sera plutôt de nature à décider le défendeur.

Plus vraisemblable en soi, l'opinion de Doneau, avons-nous dit, peut aussi s'appuyer sur un texte. Ce texte c'est la loi 15, § 28 à notre titre. S'il nous arrive, nous dit Ulpien, que la maison à propos de laquelle on agit s'écroule justement pendant que le préteur recherche s'il doit ou non ordonner la *cautio*, il n'y aura plus d'envoi en possession à prononcér, mais il restera à ordonner la *cautio* pour le préjudice qui se sera produit : « Missio quidem *cessabit*; prætor tamen decernere « debet quicquid damni contigerit, ut de eo quo« que caveatur. » Que veut dire le jurisconsulte? Veut-il dire : « Il n'y a plus d'envoi en possession possible; cependant, le préteur doit ordonner la *cautio* pour le préjudice causé. » Non, ce ne peut être là le sens du texte; d'abord, parce qu'il est faux qu'il n'y ait plus d'envoi en possession possible; le terrain et les matériaux sont là; puis parce que l'impossibilité même de l'envoi en possession n'a rien à voir avec l'ordre de donner caution qui devrait précéder cet envoi; que par suite, cette impossibilité ne pourrait être considérée par personne comme pouvant empêcher cet ordre, et que le mot *tamen* n'aurait aucun sens. Ce que le jurisconsulte dit donc très-clairement, c'est que le préteur n'aura plus à prononcer l'envoi pour éviter le préjudice, *mais* qu'il lui *restera* à prononcer l'ordre de donner la *cautio*. C'est donc que normalement il aurait dû prononcer l'un et l'autre.

Quelle était la formule ordinaire de ce décret? Il est difficile de l'indiquer, mais ce qu'il y a de certain, c'est que celle de ces diverses propositions qui était relative à la nécessité imposée au défendeur (sous peine d'envoi du demandeur en possession) de fournir la *cautio damni infecti*, indiquait certainement d'une façon directe ou indirecte la formule de la promesse qu'il devait prononcer et à laquelle ses fidéjusseurs, s'il y avait lieu, devaient accéder. Elle l'indiquait *certainement* d'une façon directe, parce que c'était là une nécessité pratique. Si le préteur n'a besoin de rien changer à la formule que donne son édit, il y renverra sans doute purement et simplement; mais, dans bien des cas, on lui demandera et il accordera des modifications à cette formule, et il faudra alors de toute nécessité que les termes par lui acceptés soient insérés dans son décret. Rappelons, en effet, que c'est la stipulation qu'il a lui-même indiquée qui doit être faite et non pas une autre, à moins d'accord entre les parties.

Cette même partie du décret indiquait le délai dans lequel la *cautio* devait être fournie (délai qu'il ne faut pas confondre avec celui qui est indiqué par la stipulation). Pour la fixation de ce délai, qui a lieu *cognitâ causâ*, il est clair que le préteur se réglera sur le plus ou moins d'imminence du danger que l'on craint.

En ce qui concerne l'envoi en possession, le préteur avait encore une autre question à trancher, *cognitâ causâ*. D'une façon précise, en possession de quoi devait-il envoyer celui auquel il donnait gain de cause? En possession de ce qui menace ruine, évidemment. Sans doute, mais si ce n'est qu'une partie de la maison qui menace ruine, le demandeur devra-t-il être envoyé en possession de cette partie seulement, ou bien de la maison tout entière? Cette question a fait l'objet de discussions entre les jurisconsultes romains. D'après Sabinus (et Ulpien se range à son avis) c'est en possession de la maison entière. « En effet, dit-il, la solution contraire mènerait à des conséquences inadmissibles. Supposez que ce soit de la superficie que vienne le danger. On ne peut cependant envoyer en possession de la superficie exclusivement; en pareil cas l'affaire ne pourrait avoir d'issue, et d'ailleurs il ne peut servir à rien d'être envoyé en possession de ce qui ne peut procurer aucun avantage, si même elle n'est pas en fait entièrement impossible. » (Loi 15, § 12). Le raisonnement de Sabinus ne manquait pas de justesse; il est clair que si le préteur, par l'envoi en possession, veut gêner le propriétaire récalcitrant et l'amener ainsi à fournir la *cautio*, il ne doit pas restreindre l'envoi en possession à la partie de la maison que le propriétaire n'a plus l'intention d'occuper. Aussi la solution de Sabinus, approuvée par Ulpien, est-elle aussi celle de Paul, qui cependant formule une réserve. « Si c'était, dit-il, à propos d'un champ que l'on demandât la *cautio*, l'envoi en possession n'aurait lieu que pour la partie du champ d'où peut venir le préjudice (contrairement à ce qui a lieu pour la maison). La raison de cette différence est que dans une construction tout se tient, et la partie défectueuse peut, dans sa chûte, entraîner celle de la maison entière, tandis qu'il n'en est pas ainsi pour les champs. Du reste, il faut ajouter que, dans le cas même où il s'agit d'une maison, mais d'une maison assez vaste, le préteur doit, *cognitâ causâ*, ne prononcer l'envoi en possession que pour une partie qu'il déterminera. (L. 38, § 1). On peut faire ici une remarque spéciale au cas où il y aurait plusieurs demandeurs ou plusieurs défendeurs.

Si le préteur reconnaît aux divers co-propriétaires d'une maison par exemple le droit à la *cautio*, il devra se garder de dire qu'il ordonne la stipulation en faveur de chacun d'entre eux pour telle partie. Il faut se rappeler en effet que l'objet de la stipulation pour chacun d'eux est *quod sua ipsius intererit.* Avec la formule ordinaire de la stipulation et sans aucune indication de part chacun n'aura donc droit qu'à une portion de l'indemnité qui pourrait être due. Comme le dit la loi 27 : « Pars adjecta parti partem faciet. » Chacun n'aurait plus droit qu'à une partie de sa portion dans l'indemnité. En ce qui concerne l'envoi en possession, il n'en est plus de même : « Si « plures domini sint ædium qui damni infecti sibi « prospicere volunt..... mittendi omnes in posses- « sionem erunt, et quidem æqualibus partibus « quamvis diversas portiones dominii habue- « rint. » (L. 40, § 4). Et la loi 5, § 1 nous dit en termes aussi explicites : « Si aliquot sint qui ca- « veri sibi desiderant, et alius pretiosiores, alius « viliores habeat ædes, sive unius domûs plures « habeant dispares partes, tamen non magnitu- « dine dominii quisque, sed æqualiter mittentur « omnes in possessionem. »

Si c'était le lieu d'où peut venir le danger qui eût plusieurs co-propriétaires, et que le demandeur eût droit à la *cautio* contre tous (ce qui d'ailleurs est la règle), ou contre plusieurs au moins, chacun d'entre eux ne devrait pas promettre *in solidum*. C'est le contraire de ce qui a lieu pour les stipulants. Et la raison en est facile à donner. « Contra, si plures domini sint vitiosarum « ædium, pro suâ quisque parte promittere de- « bet; ne singuli in solidum obligentur. » (L. 27.)

Si l'un d'entre eux refuse la *cautio*, c'est pour sa part seulement que l'envoi en possession aura lieu. « Si plures sint domini qui cavere debent et ali- « quis non caveat; in portionem ejus mittetur. » (L. 5, § 1.)

Après avoir examiné ce que contient le premier décret, il nous reste à voir quels en sont les effets. Trois hypothèses sont à distinguer :

1° Conformément à l'ordre qu'il a reçu, le défendeur a fourni la *cautio*;

2° Le dommage se produit avant que la *cautio* ait été fournie;

3° Le dommage ne s'est pas encore produit, mais reste imminent, et le défendeur persiste à refuser de fournir la *cautio*.

Première hypothèse. — La stipulation étant faite, le demandeur est créancier conditionnel du promettant (et de ses fidéjusseurs s'il y en a eu). Il a contre lui tous les droits ordinaires des créanciers. Son action est l'action « ex stipulatu »; car, pour être prétorienne, la stipulation n'en reste pas moins en même temps un contrat de droit civil. Elle est soumise aux règles ordinaires des stipulations, sauf en certains points que nous avons indiqués et pour lesquels elle diffère des stipulations conventionnelles.

Il nous faut maintenant examiner : 1° dans quels cas cette stipulation donnera lieu à l'action, dans quel cas elle sera « commissa », comme disent les Romains; 2° à quelle condamnation elle aboutit.

Pour que la stipulation « damni infecti » soit « commissa », il suffit qu'il se produise un préjudice venant de la chose à l'occasion de laquelle la « cautio » a eu lieu, réunissant les divers caractères que nous avons énumérés comme nécessaires et pouvant rentrer dans la formule prononcée. Peu importe d'ailleurs que ce soit le danger qui ait poussé le demandeur se faire fournir la « cautio ». Il faudra que ce préjudice se produise dans le délai fixé par la stipulation. Car, ce délai étant écoulé, quoique l'obligation existe « in perpetuum » aux yeux du droit civil, elle sera éteinte aux yeux du préteur, qui ne donnera pas une exception au « pro« missor », mais qui fera plus, qui refusera de délivrer l'action au stipulant.

Si ce dernier voit arriver la fin du délai fixé, sans que le dommage se soit produit, et sans d'ailleurs qu'il ait cessé d'être menaçant, il pourra demander une nouvelle « cautio ».

Pour que la stipulation soit « commissa », il n'est pas nécessaire au reste que le préjudice même se soit produit dans le délai, si, avant l'expiration de ce délai, la ruine qui le cause quelque temps après était déjà commencée. (L, 18, § 11.)

Supposons donc que le dommage se soit produit dans les conditions voulues pour que la stipulation soit « commissa », à quoi le stipulant aura-t-il droit?

La formule même qu'il a prononcée nous le dit; on lui doit *quod ejus in eâ re interest*, c'est-à-dire : la réparation du préjudice qu'il éprouve; *quantum ei abest quantumque lucrari potest* comme dit la loi 13 (*Ratam rem*, 46). Quel est ce préjudice ? c'est là une question de fait (l. 24, *de Reg. jur.*, 50, 17) et nous ne pouvons ici que donner, avec les jurisconsultes romains, un petit nombre d'exemples. Le propriétaire de la maison détériorée aura droit, par exemple, au remboursement des impenses qu'il a pu faire pour consolider sa maison contre le choc possible, au paiement des loyers que le danger imminent lui a fait perdre, soit parce que les locataires sont partis, soit parce que d'autres n'ont pas osé louer, à une indemnité pour la gêne et l'inquiétude que lui aura causées la crainte du danger, etc., etc. (LL. 28 et 29, h. t.).

Une indication plus importante est celle que nous fournit la loi 40 pr. Sans doute la formule de la stipulation laisse incertaine la somme à laquelle pourra s'élever le montant de l'obligation ; et elle ne pouvait rien préciser à cet égard : sans doute aussi le stipulant n'est pas tenu de ne pas augmenter la valeur de sa maison et de ce qu'elle contient ; mais il ne faut pas non plus en cette voie dépasser les limites de la modération : « ho-« nestus modus servandus est, non immoderatâ « cujusque luxuria subsequenda. » Aussi même sans rechercher s'il y a eu un accroissement de valeur apporté à la maison du stipulant depuis la stipulation, le juge devra maintenir la condamnation dans des limites raisonnables : « Non opor-« tet infinitam vel immoderatam æstimationem « fieri ut puta ob tectoria et ob picturas. »

La remarque était bonne à faire, la stipulation étant de droit strict, le juge eut été forcé d'évaluer le dommage produit, à quelque somme qu'il pût s'élever.

Deuxième hypothèse. — Le préjudice se produit avant que la *cautio* soit intervenue. Du moment où l'ordre de fournir cette *cautio* a été donné, peu importe qu'en réalité elle l'ait été ou non. Le décret du préteur garantit le demandeur aussi bien que la promesse du défendeur, car cette promesse sera supposée faite. Tel est le procédé que lui fait employer en cas du refus de la *cautio*, la *lex Rubria* de la Gaule cisalpine (chapitre XX). Elle décide que le magistrat saisi de l'affaire devra agir comme si la *cautio* avait été fournie : « proindè atque Sei « de ea re quam ita postulatum esset, damni in-« fecti ex formula recte repromissum satisve da-« tum esset. » Et elle continue en indiquant la formule de l'action que le magistrat devra donner contre celui qui a refusé la *cautio*.

« Judex esto, Sei, antequam id judicium qua « de re agitur factum est, Q. Licinius damnei in- « fectei eo nomine qua de re agitur eam stipula- « tionem quam is qui Romæ inter peregrinos jus « deicet in albo propositum habet, L. Seio repro- « meisset : tum, quicquid eum Q. Licinium ex ea « stipulatione L. Seio dare facere oporteret ex fide « bona, duntaxat sestertios..... ejus judex Q. Li- « cinium L. Seio, si ex decreto II viri IV præfec- « tive mutinensis, quod ejus is II vir IV præfec- « tusve ex lege Rubria seive id plebiscitum est, « decreverit, Q. Licinius eo nomine qua de re « agitur L. Seio damni infecti repromittere no- « luit, condemnato, si non paret absolvito. »

C'est-à-dire en dégageant un peu de ses accessoires le dessin de la formule : S'il est vrai que Quintus Licinius ait reçu du duumvir de telle ville l'ordre de fournir à L. Seius en raison de telle propriété la *cautio damni infecti* dont la formule se trouve dans l'édit du préteur pérégrin de Rome, et que, désobéissant à ce décret, il ait refusé cette *cautio* condamne — à payer à Seius ce qu'il serait obligé de lui payer s'il l'avait fournie.

De cette formule à celle qui est délivrée contre celui qui a refusé non la simple promesse, mais la satisdation, il n'y a que la différence du mot *repromittere* au mot *satisdare*. Nous n'avons donc pas besoin de reproduire la seconde formule donnée par la loi Rubria.

Très-certainement, nous sommes ici en présence d'une disposition de droit commun, parfaitement applicable à Rome. La preuve s'en trouve dans les lois 15 § 18 et 44, pr. Qu'est-ce que peut être cette action utile dont parle la première de ces lois sinon l'action *ex stipulatu fictitia ?* Quel peut être le procédé auquel la seconde fait allusion en disant : « perinde omnia servanda esse existi« mavit, atque si posteaquam in possessionem « venissem, damnum datum esset ? »

Ainsi à partir de l'ordre prononcé par le Préteur jusqu'au jour où le demandeur *possidere jussus*, aura pu obvier au danger qu'il craint, le décret produit en sa faveur cet effet de remplacer la promesse qu'il n'a pas obtenue.

C'est d'ailleurs la seule sanction qui soit possible dans un très-grand nombre de cas, dans tous ceux où il n'y a pas d'envoi en possession possible, dans ceux, par exemple, où la stipulation doit être fournie par quelqu'un qui fait des travaux sur le fonds même du demandeur. Cette remarque seule prouve que la disposition de la loi Rubria est de droit commun.

Seulement dans les cas où la sanction de l'envoi en possession est possible, elle se cumule avec la sanction de l'action *ex stipulatu fictitia* jusqu'au jour où le défendeur aura été, par son expropriation, déchargé de la responsabilité que faisait peser sur lui une chose qui à présent ne lui appartient plus.

Voyons donc maintenant cette autre sanction : l'envoi en possession.

Troisième hypothèse. — La maison qui menace ruine étant encore debout et le défendeur ayant refusé de fournir la *cautio* le demandeur est envoyé en possession. Quelle situation lui donne cet envoi en possession?

Ce que le préteur l'autorise à prendre, c'est une possession d'ordre tout à fait inférieur, sans caractère juridique, une simple détention *custodiæ causâ*. Nul droit d'expulsion contre le propriétaire; il est seulement autorisé à posséder en même temps que lui : Nul droit de gêner l'exercice des droits réels que des tiers peuvent avoir sur le fonds sinon dans la mesure que comporte forcément sa prise de possession partielle. Il est là simplement pour que les causes du danger ne s'aggravent pas, s'il lui est posssible de les empêcher. Un envoi en possession en faveur de l'un n'empêche pas un envoi en possession en faveur d'un autre. Donc aucun droit exclusif à ce troisième point de vue encore. « Cum legatorum vel fideicommissi servandi causâ, vel quia damni infecti nobis non caveatur, bona possidere prætor permittit... non possidemus, sed magis custodiam rerum et observationem nobis concedit. » (L. 12, *quibus ex causis in possess.* 42, 4). Or cette *custodia* peut être permise à bien des personnes à la fois.

Ce n'est point à dire que l'envoi en possession ne constitue pas un avantage ; tout au contraire, puisqu'il permet à celui qui l'obtient de consolider la maison qui menace la sienne et lui donne le droit de ne pas abandonner la possession avant d'être remboursé de ses impenses. (L. 15, § 30. *De damn. inf.*)

Aussi, au cas où il serait empêché de prendre possession, même par un défendeur mineur, il aura contre lui une action *in factum*. Mais les avantages que lui confère cette possession ne sont pas une sanction suffisante à l'ordre donné par le préteur et le préteur est arrivé à une mesure beaucoup plus grave, à l'expropriation. Toutefois ce second décret n'interviendra qu'après une nouvelle *causæ cognitio*, et après un certain intervalle ; il finira cependant par se produire si le refus du défendeur persiste.

Remarquons que si le demandeur envoyé en possession néglige de prendre cette possession qui lui est permise, ou abandonne, autrement que par crainte d'un écroulement, le sol ou la maison qu'il est autorisé à posséder, il sera déchu du bénéfice du premier décret, et le second n'aura pas à intervenir.

CHAPITRE IV.

SECOND DÉCRET DU PRÉTEUR.

Le second décret du préteur a pour but non plus d'envoyer le demandeur en possession *custodiæ causa*, mais de lui conférer la véritable possession. Pour exprimer cet objet du second décret, certains textes disent en parlant du *stipulator* : « possidere jubetur » L. 15, § 23, par exemple ; d'autres « dominus constituitur» (L. 15, § 16). Cette dernière expression doit être bien comprise. Il est clair que le préteur ne peut avoir la prétention de transférer ainsi de l'un à l'autre le *dominium ex jure Quiritium*. Seulement à ses yeux, le demandeur *possidere jussus* sera désormais propriétaire, ce qui montre bien que tel est le sens de cette expression : *dominus constituitur*, c'est le texte même du fragment que nous venons de citer qui parle d'usucapion à accomplir par celui-là précisément qui *dominus constitutus est* : « Non « prius incipere dominium capere, quam secundo « decreto a prætore dominus constituatur. »

Ainsi pendant l'époque classique, le second décret du préteur met seulement celui qui l'obtient *in causa usucapiendi*; c'est par l'usucapion qu'il arrivera à la propriété civile.

Plus tard, quand la distinction entre la propriété bonitaire et la propriété quiritaire se sera effacée, le décret du préteur ou de celui qui le remplacera donnera immédiatement la propriété civile et l'on pourra prendre à la lettre l'expression que nous venons d'expliquer.

La concession de l'*in bonis* au *stipulator*. Tel est l'effet du second décret. Voyons quelles sont les conséquences qui en découlent, d'abord les droits qu'il donne à celui qui l'obtient contre le propriétaire et contre ceux qui ont des droits réels sur la chose.

Les uns et les autres peuvent être privés de l'exercice de leurs droits, en attendant que l'usucapion les leur enlève *ipso jure* « Dominus dejiciendus erit possessione. » (L. 15, § 23). « Si quæ sint jura debita his qui potuerunt de damno infecto satisdare : deneganda erit, eorum persecutio adversus eum, qui in possessionem missus est. » (§ 24). Le créancier gagiste perdra la *persecutio* de son *pignus*, l'usufruitier la jouissance de son usufruit.

Ce sont là des conséquences logiques de l'effet accordé au décret ; elles ne semblent pourtant pas avoir été acceptées sans difficulté. En nous donnant la formule générale que nous venons de citer : « Si quæ sint jura debita his qui potuerunt de

« damno infecto satisdare, deneganda erit eorum « persecutio. » Ulpien a souci de l'appuyer sur l'autorité de Labéon; et cette formule cependant réserve les droits de ceux qui n'ont pu *satisdare*, en raison, par exemple, d'une absence de bonne foi. En ce qui concerne l'usufruitier, le créancier gagiste, il parle de la question comme d'une question discutée, et sa solution est qu'il est *préférable* de les considérer comme déchus de leurs droits. « Quæretur in pignoratitio creditore an pignoris « persecutio denegetur adversus eum qui jussus « sit possidere. Et magis est ut si neque debitor « repromisit, neque creditor satisdedit, pignoris « persecutio denegetur. Quod et in fructuario « recte Celsus scribit. » (§ 25).

La question vient de ce que l'on est forcé de s'adresser qu'au propriétaire, quand on veut demander la *cautio damni infecti*.

Cela suffit pour que la procédure puisse suivre sa marche. Seulement, au cas où on a usé de ce droit, où l'on n'a point demandé la *cautio* aux autres intéressés, il peut sembler étrange aux jurisconsultes imbus de l'idée « *Res inter alios* « *acta...* » de faire produire à cette procédure des effets contre tous les droits assis sur la chose.

Aussi la solution d'Ulpien n'est-elle pas celle de tous les jurisconsultes sans exception. En parlant de l'usucapion en général, la loi 44 § 5 *de usurp. et usuc.* (41, 3) nous dit : « Non mutat usucapio

« superveniens pro emptore vel pro herede quo-
« minus pignoris persecutio salva sit. » Comme le dit Papinien, l'auteur de cette loi : « Nulla so-
« cietate dominii conjungitur, sed solâ conven-
« tione constituitur. » Africain applique ce principe à l'usucapion accomplie après envoi en possession *damni infecti nomine*, et le seul droit qu'il donne à l'envoyé contre la créancier hypothécaire est le droit au remboursement des impenses qu'il aura faites : « Damni infecti nomine in possessio-
« nem missus, possidendo dominium cepit : deinde
« creditor eas ædes pignori sibi obligatos persequi
« vult ; non sine ratione dicetur nisi impensas
« quas in refectionem fecerim, mihi præstare sit
« paratus, inhibendam adversus me persecutio-
« nem. » (L. 44, § 1, *damno inf.*).

C'est cependant la solution d'Ulpien qui semble l'emporter au point de vue de l'esprit du droit prétorien, et c'est elle qu'adopte Paul. Seulement, lui et tous les partisans de cette doctrine, sentant le besoin de l'appuyer sur une raison juridique, invoquent cette idée que l'envoyé en possession, à partir de son entrée effective en possession, acquiert une sorte de *pignus* sur l'immeuble. (C'est là d'ailleurs une solution donnée pour tous les cas d'envoi en possession par le magistrat (L. 26, *De pig. act.*), 13, 7) et que ce *pignus damni infecti nomine* est préférable aux autres droits réels. « His qui pignori rem acquirunt, dit Paul, potior

« est is cui damni infecti non cavetur si possidere, « et per longum tempus rem capere ei permissum « fuerit. » (L. 12 *de dam. inf.*).

La solution donnée pour la gagiste est la même sans doute pour tous ceux qui ont un droit réel autre qu'un *pignus*.

Ainsi, vis-à-vis du propriétaire qui a refusé la *cautio*, vis-à-vis des divers intéressés qui pouvaient la fournir et ne l'ont pas fait, l'envoyé est mis immédiatement aux yeux des préteurs, dans la situation où il sera plus tard pour le droit civil, lorsqu'il aura usucapé.

Par conséquent jusque-là tous les droits utiles du propriétaire ayant acquis par usucapion ; il a en même temps ceux que donne l'*in bonis*; il a par exemple la publicienne. En même temps il a les charges de la propriété ; ainsi, il doit lui-même aux voisins, s'il y a lieu, la *cautio damni infecti*, sauf au propriétaire qu'il remplace.

Nous avons jusqu'ici supposé que l'on agissait contre un propriétaire à propos d'un fonds susceptible de propriété. Au cas contraire, pour ne pas produire tous ces effets absolus et *ipso jure*, le second décret aura du moins certains effets utiles. Si, par exemple, il est rendu contre le possesseur d'une maison *vectigalis*, l'envoyé en possession ne pourra être mis en voie d'usucaper, puisque la possession ne pourrrait en cette hypothèse mener à la propriété. C'est seulement l'envoi prononcé contre le municipe lui-même auquel appartient le *vectigal* qui pourrait mener à la propriété, (en admettant qu'il s'agisse d'un fonds vraiment susceptible de *dominium*); mais il aura du moins les droits dont jouissait celui qu'il remplace. Il aura l'action *vectigalis* (l. 15, §§ 26 et 27).

Le côté le plus curieux de ces effets du second décret prétorien, c'est que tout en constitnant une véritable expropriation à terme, ils se produisent même à l'égard de fonds dont l'aliénation est interdite. Le fonds dotal par exemple n'est pas susceptible d'être aliéné par le mari, et cependant si le mari ne veut pas fournir la *cautio* qu'il doit, l'envoi en possession sera prononcé et l'usucapion pourra s'en suivre. C'est, disent les auteurs, que dans cette hypothèse, ce que veut le mari; ce n'est pas aliéner le fonds dotal, c'est de ne pas avoir à contracter l'engagement qu'on lui demande.

Il n'y a donc pas aliénation volontaire, et ce sont les aliénations volontaires du fonds dotal qui sont impossibles. « Interdum, dit Paul (l. 1 de « fundo dotali : pr. 23, 5), lex Julia de fundo do- « tali cessat, si ob id quod maritus damni infecti « non cavebat missus sit vicinus, in possessionem « dotalis prædii, deinde jussus sit possidere : hic « enim dominus vicinus sit, quia hæc alienatio « non est voluntaria. »

Ce texte fait fléchir le principe contenu dans la

loi 28 pr. *de verb. sign.* « Alienationis verbum « etiam usucapionem continet; vix est enim ut « non videatur alienare qui patitur usucapi. » Il faut cependant reconnaître que notre hypothèse pouvait avoir des règles spéciales, précisément en raison de ce fait qu'elle suppose une maison dotale d'une valeur déjà amoindrie, puisqu'elle est *ruinosa*.

La décision applicable au fonds dotal doit l'être aussi à des fonds qui sont soumis à la même règle d'inaliénabilité.

D'après l'*Oratio Severi*, les fonds ruraux et suburbains du mineur de vingt-cinq ans ne peuvent être aliénés sans un décret du préteur, et ce décret ne doit intervenir que quand il y a nécessité de payer les dettes du mineur (l. 5, § 14 *de verb. cor.* D. 27, 9).

Cependant l'usucapion sera possible pour celui qui aura été envoyé en possession *damni infecti nomine*. Il est vrai qu'en pareil cas, le préteur ne mettra pas de précipitation à rendre le second décret, et, qu'une fois le décret rendu, le mineur aura encore la ressource de l'*in integrum restitutio*.

Remarquons que le gain que l'on fait ainsi est mis au nombre des bénéfices, des *obventiones* qui sont attribuées à l'usufruitier.

L'usufruitier qui s'est fait envoyer en possession de la maison voisine, *damni infecti nomine*, la garde donc alors que son usufruit disparaît. (L, 7, § 1, *de usuf. quemadm.* 7, 1.)

Si le préteur ou le président de la province délèguent leurs pouvoirs aux magistrats municipaux, en ce qui concerne l'ordre de donner *cautio* et l'envoi en possession, il n'en est plus de même en ce qui concerne le second décret, comme aussi l'action *in factum*. L'urgence est moindre, et la décision à prendre est d'un intérêt plus considérable, puisqu'elle doit produire immédiatement des effets importants. (L. 4, § 3.)

DROIT FRANÇAIS

LÉGISLATION

CONCERNANT LES ÉTABLISSEMENTS

RÉPUTÉS INSALUBRES, DANGEREUX ET INCOMMODES.

> L'ordre qui lie les hommes en société ne les oblige pas seulement à ne nuire en rien par eux-mêmes à qui que soit, mais il oblige chacun à tenir ce qu'il possède en un tel état que personne n'en reçoive ni bien ni dommage.
>
> DOMAT, *Lois civiles*, titre VIII, section 2.

Le droit naturel que nous avons d'employer librement notre activité ne peut s'exercer que sous la condition de ne pas nuire à autrui; chacun de nos semblables a en effet un droit corrélatif au notre, celui de voir respecter sa sûreté, son repos, sa propriété. « In suo hactenus facere licet, quatenus nihil in alienum immittat. » (Ulpien, l. 8, § 5, Dig. VIII, 5, *si servit. vindic.*).

Aussi à ce point de vue, l'exercice de certaines

industries qui par la nature de leurs opérations sont susceptibles de nuire soit à la propriété, soit à la santé publique a de tous temps éveillé l'attention des gouvernements qui ont toujours cherché à concilier les intérêts opposés de chacun des membres de la société en apportant de sages restrictions au principe absolu de la liberté.

C'est ainsi que dans le Droit romain, Ulpien rapporte une réponse d'Ariston relative aux ateliers dans lesquels les habitants de Minturnes enfumaient les fromages. « Aristo Cerellio Vi-« tali respondit non putare se ex tabernâ caseariâ « fumum in superiora ædificia jure immitti posse, « nisi ei rei servitus talis admittatur. » (Ulp. *eod. loc.*) Cœpola *(Tract. servit. præd. rust. cap. 44,) de igne* et *cap.* 53 *de fumo)* dit aussi que l'on ne peut faire *ignem insolitum* de façon à incommoder les voisins.

Le même auteur rapporte un jugement rendu par lui-même dans la ville de Vérone : « Et prop-« terea aliàs judicavi in civitate Veronæ quod « unus pelliparius non posset facere mollitium in « domo suâ, ob maximum fætorem qui exhalabat « ab eâ et nocebat vicinis..... et dic de similibus « artibus fætentibus. » (*de œre*, § 1). L'industrie des corroyeurs était donc l'objet de prescriptions particulières ; il en était de même des forges, paraît-il, car on lit au § 3 : « numquid autem fabri « possunt malleare in domo suâ ita ut sono mal-

« lei desturbent mentem doctoris vicini... et quid « si esset vicinus infirmus. »

Certaines heures doivent aussi être assignées à certaines opérations insalubres. Cœpola (*cap.* 48, *de cloaca* § 3) s'exprime en ces termes : « et per « prædicta teneo, quod non sit licitum privato, « aperire de die cloacam vel necessarium aut si- « milia propter fætorem, sed nocte tantum modo. « nisi subiit necessitas et non alias. »

M. Massé (Droit commercial dans ses rapports avec le droit des gens n° 382) donne la citation suivante de Roccus qui décidait que l'on pouvait éloigner les industries insalubres quand elles étaient de nature à incommoder les passants et que l'on ne pouvait qu'approuver l'affectation spéciale d'une certaine partie de la ville à l'exercice de ces industries : « exercentes artes fœtidas qua- « rum odor infestat nares transeuntium possunt « expelli. — Imo, quod sit destinandus certus « locus in civitate ubi dictæ artes exerceri pos- « sint, multis auctoritatibus probatur. »

Dans l'ancienne France, on trouve aussi, dans diverses coutumes des dispositions relatives aux établissements insalubres.

La coutume du Berry, en 1539, titre 11 art. 18, éloignait des villes comme contraire à la santé publique, l'industrie des nourrisseurs et prohibait les dépôts d'immondices. On trouvait des dispositions semblables dans la coutume du Nivernais, la coutume d'Étampes. La coutume de Paris (titre 9 art. 218) rédigée en 1580 défendait « de mettre vuidanges de fosses de privez dans ladite ville. »

Il faut encore citer la coutume de Metz dont une disposition, art. 17, titre 13, est remarquable en ce sens qu'elle exigeait pour l'établissement des forges dans la ville de Metz une enquête *de commodo et incommodo* et une autorisation préalable.

« Nul ne peut, sans permission du magistrat,
« construire forge de maréchal dedans la ville, en
« lieu où il n'y en a point eu auparavant, les voi-
« sins préalablement ouys sur la commodité ou
« incommodité du lieu où on la veut construire. »

A côté de ces dispositions du droit coutumier, on trouve de nombreux réglements, édits, arrêts de parlement, ordonnances de police qui toutes attestent avec quelle sollicitude le gouvernement et les magistrats ont constamment veillé à protéger la santé et la sécurité publique.

Fournel (Traité du voisinage) rapporte les ordonnances du 12 juillet 1371, du 2 juillet 1393; l'édit de François Ier de novembre 1539, les lettres patentes d'Henri II, de 1552.

Il cite aussi une sentence du Châtelet du 4 novembre 1486 renouvelée par un arrêt du Parlement du 4 septembre 1493 et rendue à la suite d'une enquête faite auprès des voisins et sur l'avis des médecins: « Vu le plaidoyer des parties, les lettres-rapports de médecins et chirurgiens, » il était était défendu aux potiers de terre de s'établir dans la ville ; « attendu que la fumée qui sortait de ces établissements était préjudiciable à la santé du corps humain et que de ce pouvait survenir plusieurs mauvaises maladies et accidents. »

Un arrêt du Parlement du 29 juillet 1776 ordonne la destruction des fourneaux et cheminées sur le quai des Morfondus, dont les fumées incommodaient les voisins et surtout les magistrats qui siégeaient à la Tournelle.

Des ordonnances de 1735 et 1781 sont aussi relatives aux industries incommodes, mais si la surveillance était active, on ne trouve aucune disposition empreinte de quelque généralité. Les intendants de province ou les Parlements statuant par des décisions individuelles, ou par des arrêts spéciaux qui variaient dans chaque ressort.

La Révolution étant survenue, quelque libéral que fut le législateur de cette époque, il ne donna cependant pas pleine carrière à l'établissement des ateliers incommodes et par une loi du 13 novembre 1791, l'Assemblée nationale décréta que les anciens règlements de police relatifs à l'établissement ou à l'interdiction dans les villes des usines, ateliers ou fabriques qui peuvent nuire à la sûreté et à la salubrité de la ville seraient provisoirement maintenus.

Il n'existait pas d'anciens règlements, dès lors toute cette matière se trouva abandonnée aux mains du pouvoir municipal chargé par le décret de l'Assemblée constituante du 14 décembre 1789 de faire jouir les habitants des avantages d'une bonne police notamment de la salubrité.

« Un arbitraire intolérable fut la conséquence « de cette mesure ; chaque département, chaque « commune avait sa règle; et la manière d'appli- « quer cette règle changeait à chaque renouvelle- « ment d'administration. Tantôt on frappait sur « la propriété, en autorisant des usines dange- « reuses au centre des villes les plus populeuses, « tantôt on frappait sur l'industrie, en pronon- « çant l'interdiction d'usines dont on venait de « permettre la création. Les capitalistes et les pro- « priétaires souffraient également ; bientôt les « grandes entreprises s'arrêtèrent. » M. d'Argout, rapport fait le 27 avril 1827 à la Chambre des pairs sur des pétitions concernant quelques établissements insalubres. — (*Moniteur* du 4 mai 1827, p. 712, 3e colonne).

Cet état de choses éveilla la sollicitude du gouvernement. Il conçut le projet de soumettre les manufactures à un règlement général mais il voulut auparavant s'éclairer de l'avis des hommes compétents, et le 26 frimaire an XIII la classe des sciences physiques et mathématiques de l'Institut consultée par le ministre de l'intérieur fit un premier rapport indiquant les fabriques dont le voisinage peut être nuisible à la santé. Quoique ce rapport eut pendant quelques années servi de base à l'administration dans l'appréciation des demandes des industriels et des réclamations des propriétaires voisins, en 1809, un autre rapport fut demandé à l'Institut, et c'est à la suite de ce second rapport, qui en forme en quelque sorte l'exposé des motifs, que fut rendu le décret réglementaire du 15 octobre 1810 qui est encore aujourd'hui en cette matière la base de la législation.

Par son art. 1er, ce décret proclame d'abord pour la formation des ateliers ou manufactures qui répandent une odeur insalubre ou incommode, la nécessité d'une autorisation administrative.

Le décret divise ensuite les établissements en trois classes suivant leur plus ou moins d'inconvénients ou d'innocuité.

La première classe comprend les établissements qui doivent être éloignés des habitations particulières.

La seconde, ceux dont l'éloignement n'est pas rigoureusement nécessaire, mais dont il importe néanmoins de ne permettre la formation qu'après avoir acquis la certitude que les opérations que l'on y pratique sont exécutées de manière à ne pas incommoder les propriétaires du voisinage et à ne pas leur causer de dommages.

Dans la troisième classe enfin sont placés les

établissements qui peuvent rester sans inconvénient auprès des habitants mais qui doivent rester néanmoins soumis à la surveillance de la police.

Une ordonnance royale du 14 janvier 1815 modifia légèrement en le complétant le décret de 1810, et quand nous aurons mentionné aussi le décret sur la décentralisation du 25 mars 1852, art. 2, tableau B, 8°, nous aurons indiqué tout ce qui dans la législation a trait au fond du droit en ce qui concerne les établissements dangereux, insalubres ou incommodes.

La division en trois classes dont nous avons parlé plus haut était faite par un tableau annexé au décret de 1810. L'ordonnance du 14 janvier 1815 contenait également une division des établissements. De nombreuses modifications ont été successivement faites à ces tableaux. Actuellement le décret général de classement du 31 déc. 1866 qui a fait la division en trois classes des établissements réputés insalubres, dangereux ou incommodes.

Cette division sert de règle toutes les fois qu'il est question de prononcer sur des demandes en formation de ces établissements (art. 1er du décret).

Deux décrets du 31 janvier 1872, l'autre du 7 mai 1878 ont fait quelques additions à la nomenclature de 1866.

Bien que le décret de 1810 et l'ordonnance de 1815 n'aient mentionné que les établissements qui répandent une odeur insalubre et incommode, il était naturel d'y placer les établissements qui présentent des dangers d'explosion ou d'incendie. Cette omission a d'ailleurs été réparée, et une ordonnance royale du 9 février 1825 parle des établissements *dangereux*, la dénomination légale est, en effet, bien celle d'*établissements incommodes, dangereux ou insalubres*. C'est celle adoptée par le décret du 31 décembre 1866 et les décrets subséquents.

Remarquons enfin en terminant cette partie, qu'indépendamment des conditions particulières qui leur sont imposées par l'acte qui les autorise, quelques établissements tels que les fabriques de fulminate de mercure, les fabriques de dynamite sont assujettis à des prescriptions qui s'appliquent à la généralité des ateliers de cette espèce (Ordonn. royale du 20 oct. 1826; Loi du 6 mars 1875 et Décret du 24 août 1875). Un régime spécial a été établi pour les machines à vapeur. Disons en passant qu'elles étaient autrefois rangées dans la deuxième classe des établissements incommodes, et que le décret du 25 janvier 1865 a substitué une simple déclaration à l'autorisation. Un décret du 30 avril 1880 a encore modifié le décret de 1865.

Pour certaines usines métallurgiques, la réglementation sur les établissements insalubres se combine avec la loi du 21 avril 1810 relative aux usines et hauts-fourneaux.

Un décret du 9 février 1867 a soumis à des conditions spéciales les usines et ateliers de fabrication du gaz d'éclairage et de chauffage pour l'usage du public, ainsi que les gazomètres qui en dépendent.

Enfin, l'administration s'est émue du danger incontestable que présentent les usines pour le traitement du pétrole et ses dérivés, des huiles de schiste et de goudron, des essences et autres hydrocarbures liquides; et, un décret du 19 mai 1873 a réglementé l'établissement de ces usines en distinguant, d'ailleurs, les huiles dont il s'agit en deux catégories, suivant leur degré d'inflammabilité.

Il est à regretter que dans une matière qui touche de si près à la propriété, ce ne soit pas une loi qui ait déterminé les conditions essentielles des autorisations. C'est, en effet, aux lois à régler dans chaque matière les règles fondamentales et à déterminer les formes essentielles; mais les détails d'exécution, les précautions provisoires ou accidentelles, toutes les choses, en un mot, qui sollicitent bien plus la surveillance de l'autorité qui administre que l'intervention de la puissance qui institue ou qui crée, sont du ressort les règlements (Portalis, *Discours préliminaires* du Code civil).

Nous nous occuperons successivement dans l'exposé des matières qui ont trait à ce sujet, d'abord de l'action des autorités administratives, puis de l'autorité judiciaire.

CHAPITRE PREMIER.

COMPÉTENCE ADMINISTRATIVE.

Section Première.

Du classement des établissements.

Le décret du 15 octobre 1810, après avoir imposé la nécessité d'une autorisation administrative pour les établissements insalubres ou incommodes que l'article 1er dresse en trois classes, suivant leur plus ou moins d'innocuité, indique dans son article 10 que la division entre les trois classes aura lieu suivant un tableau annexé au décret.

C'est cette nomenclature, remplacée depuis par celle annexée au décret du 31 décembre 1866, qui doit servir de règle toutes les fois qu'il est question de prononcer sur la demande en formation de ces établissements.

D'après cela, la nécessité de l'autorisation résulte de ce que l'établissement projeté est destiné à une industrie qui par sa nature a été l'objet d'un classement dans la nomenclature des industries nuisibles au voisinage.

C'est, on le voit, le gouvernement qui avait fait la première attribution à chaque classe des établissements qui devaient y figurer. Il se l'est toujours réservé depuis. (Art. 13, § 15 du décret du 30 janvier 1852; art. 5, § 26 du décret du 21 août 1872, portant réglement intérieur du Conseil d'Etat.) On s'explique cette mesure; il y a là en effet une matière qui touche de si près à la liberté de l'industrie et à la propriété que l'on ne comprendrait pas qu'elle fut laissée à l'appréciation d'autorités administratives inférieures.

Une nomenclature arrêtée, l'administration peut se trouver en présence d'une exploitation dont l'industrie n'était pas connue à l'époque du classement; dans ce cas, d'après ce que nous avons dit sur l'autorisation qui n'est nécessaire qu'autant que l'industrie a été l'objet d'un classement, l'établissement peut se former sans autorisation préalable: mais il peut arriver que cet établissement soit de nature à compromettre la sécurité ou la salubrité publique; l'administration sera-t-telle désarmée et n'aura-t-elle aucun pouvoir ?

Il peut se faire également aussi que le genre d'industrie projeté ait été omis dans le classement.

Le premier de ces cas est régi par l'article 5 de

l'ordonnance royale du 14 janvier 1815, qui donne aux préfets deux droits : le droit de suspension et le droit d'autorisation.

Le droit d'autorisation ne s'applique qu'aux établissements qu'ils jugent devoir appartenir aux deux dernières classes, et on suit selon les règles prescrites par les articles 3 et 7 du décret de 1810, auquel d'ailleurs renvoie l'article 5.

Le décret de décentralisation du 25 mars 1852 n'a rien changé à cette règle, en ce qui concerne les établissements de première classe : c'est du moins ce qu'a déclaré une circulaire ministérielle adressée aux préfets le 15 décembre 1852, où il est dit : « Pour les établissements nouveaux qui, n'ayant pas été compris dans la nomenclature des établissements classés, vous sembleraient de nature à être rangés dans la première classe, vous n'aurez point à en déterminer le classement même provisoire; mais vous en référerez à mon ministère, afin que la mesure puisse être l'objet d'un décret, vous bornant à suspendre au besoin la formation ou l'exploitation de l'usine. »

M. Dufour (tome II) critique cette interprétation. « L'article 6 du décret réserve bien au ministère le droit d'astreindre les préfets à lui rendre compte et à subir son contrôle, mais là le ministère va plus loin ; il interdit aux préfets l'exercice d'un pouvoir qui leur a été, suivant nous, conféré par le décret ; nous croyons donc qu'en principe, les préfets ne sauraient être considérés comme lui par l'instruction sous ce rapport. »

Il semble, en effet, qu'aucun motif ne s'oppose à ce que le préfet, compétent, d'après le décret même, pour autoriser les établissements reconnus de première classe, n'autorise aussi un établissement nouveau dont le classement ne sera peut-être même pas maintenu dans la première classe.

Il peut arriver que l'arrêté de classement pris ainsi par le préfet, soit critiqué par l'industriel qui se plaint de ce que son établissement ait été considéré à tort comme nouveau ou qu'il ait été rangé dans la deuxième classe plutôt que dans la troisième. Il peut aussi arriver que des tiers se plaignent. Alors qui prononcera sur ces oppositions ou en recours? Il nous semble que le recours contentieux devra être admis. L'article 5 de l'ordonnance de 1815, renvoie en effet aux formalités prescrites par le décret du 15 octobre 1810. Il doit, par suite, n'y avoir que les mêmes voies de recours.

Mais d'autre part, des tiers peuvent réclamer le classement par assimilation, et le préfet refuser. Son refus est-il susceptible d'un recours contentieux ? La négative ici nous semble devoir être adoptée. Il n'y a pas là en effet à savoir si le règlement général a été bien ou mal appliqué. C'est un acte qui, comme au cas de suspension où le préfet croit devoir prendre les mesures nécessitées par la salubrité ou l'intérêt général, rentre dans les attributions de la police administrative. Dans ces deux cas donc, recours de l'industrie contre l'arrêté de suspension, ou recours des tiers contre le refus de classement par le préfet, on devra s'adresser au ministre supérieur hiérarchique.

Nous avons dit qu'il pouvait arriver qu'un certain genre d'industrie déjà connue ait été omis dans la nomenclature. Certainement l'administration supérieure pourrait comprendre l'industrie dont il s'agit dans un décret postérieur mais nous ne pensons pas que les préfets pourraient le classer provisoirement, car l'art. 5 de l'ordonnance de 1815 dit : « les établissements *nouveaux* qui, n'ayant pu ou être compris..... » Or ce n'est pas un établissement *nouveau* qui n'a pu être compris car il était connu. Par *nouveau*, il faut donc entendre, suivant nous, non-seulement une industrie inconnue à l'époque de la nomenclature, mais encore, un nouveau procédé de fabrication qui par son application à une certaine industrie, n'offrira plus pour cette industrie les mêmes inconvénients que ceux qui l'avaient fait admettre dans telle ou telle classe. Donc, quand l'industrie était déjà connue, ce n'est pas un établissement nouveau. Il faut d'ailleurs reconnaître que ce pourvoi accordé aux préfets par l'art. 5 de l'ordonnance de 1815 constituerait un véritable danger pour la sécurité de l'industrie s'il les autorisait à pouvoir modifier à leur gré, et pour satisfaire des réclamations individuelles les classements opérés par le pouvoir exécutif, après des études approfondies faites en dehors de toutes considérations locales. C'est d'après ces principes qu'on ne reconnaît pas aux préfets le pouvoir de classer provisoirement une dépendance d'un établissement classé, ce serait restreindre l'effet de l'autorisation antérieurement accordée, mais reste au cas de déplacement de cette dépendance, la faculté de faire dresser contravention pour ne pas s'être conformé aux conditions prescrites par l'arrêté d'autorisation, si toutefois l'arrêté prescrivait les emplacements des divers ateliers.

Il ne nous semble pas que le Préfet puisse suspendre un établissement de cette nature en vertu des pouvoirs qui lui sont confiés comme chargé de veiller à l'administration générale du département. En effet, si l'industrie est restée en dehors de la classification, c'est que le gouvernement en a reconnu l'innocuité; la mesure ne s'appliquerait pas à toutes les communes du département, et n'aurait pas pour objet des mesures de sécurité publique, conditions exigées pour que les réglements de police pris par les Préfets soint légaux et obligatoires. (Cassat. 28 juin 1861; 28 août 1858; 23 novembre 1860.) A notre avis, c'est à l'autorité municipale, chargée par les lois du

14 décembre 1789 et 16-24 août 1790 d'assurer la salubrité publique, qu'il appartiendrait de prendre les mesures que lui paraîtraient commander les intérêts de la commune, autrement les industries dont il s'agit échapperaient à toute réglementation et seraient l'objet d'un privilège injustifiable.

Nous devons cependant faire remarquer que la question est controversée et qu'il est même fort difficile de concilier les différentes décisions de la jurisprudence sur la question de savoir quels pouvoirs sont restés à l'autorité municipale et ce qui doit être ordonné par le Préfet. Il semble cependant résulter de diverses décisions que l'autorité municipale n'est pas juge de l'emplacement où s'exerce l'industrie ni des conditions essentielles de cet exercice. (Cassat. 1er mars 1842 et 25 novembre 1853) c'est-à-dire que le maire ne peut se substituer au Préfet pour prendre des mesures de la nature de celles prévues par le décret de 1810 et l'ordonnance de 1815.

Section II.

Autorisation des Établissements. — Formalités, Translation. — Interruption des travaux.

Nous avons dit que les établissements dangereux, insalubres ou incommodes étaient divisés en trois classes suivant leur plus ou moins d'innocuité.

A chacune de ces classes, correspondait avant le décret de décentralisation une autorité chargée de donner l'autorisation. Pour la 1re classe, un décret en Conseil d'État était nécessaire. Le préfet était compétent pour la deuxième et pour la troisième l'autorisation était accordée par le sous-préfet qui devait prendre préalablement l'avis du maire. Le décret de décentralisation du 25 mars 1852, tableau B, nº 8, a attribué aux préfets « l'autorisation des établissements insalubres de 1re classe dans les formes déterminées par cette nature d'établissements et avec les recours existants aujourd'hui pour les établissements de 2e classe. »

La demande doit être adressée au préfet du département dans lequel on se propose de fonder l'établissement projeté (décret de 1810, art. 3) et au préfet de police s'il s'agit d'un établissement à former dans le département de la Seine ou dans les communes du ressort de la Préfecture de police. (Ord. du 14 janvier 1815, art. 4).

La demande doit contenir tous les renseignements de nature à éclairer l'administration sur les inconvénients de l'établissement : elle doit de plus être accompagnée d'un plan en double expédition indiquant les constructions projetées et la distance qui les séparent des habitations voisines. (Circul. en date du 8 août 1833).

La demande est ensuite affichée dans toutes les communes à 5 kilomètres de rayon. La durée de l'affichage, non indiquée par le décret de 1810, a été fixée à un mois par une circulaire du ministre de l'intérieur du 22 novembre 1811.

Pendant ce délai, il se fait dans chaque mairie, une enquête *de commodo et incommodo*; cette enquête déjà prescrite par un avis du Conseil d'État du 5 avril 1813 a été exigée par l'ordonnance royale du 14 janvier 1815, art, 2. Tout particulier est admis à présenter ses moyens de défense, les maires des communes intéressées peuvent au nom de leur commune faire entendre et faire consigner leurs réclamations.

L'enquête et l'apposition des affiches sont de rigueur. En cas d'omission d'une de ces formalités ne fut-ce que dans une seule des communes intéressées tout habitant qui n'aurait pu ainsi faire valoir ses moyens d'opposition, pourrait demander l'annulation de l'arrêté.

Lorsque ces formalités sont remplies, les maires renvoient tout le dossier au préfet. Celui-ci peut également s'éclairer des lumières du Conseil d'hygiène du département.

S'il survient des oppositions le conseil de préfecture est appelé à donner son avis (art. 4 du décret). On s'est demandé si le décret de décentralisation n'avait pas abrogé cet art. 4 du décret de 1810 : le pouvoir de statuer au contentieux sur les oppositions, absorbe, a-t-on dit, le pouvoir consultatif, mais on peut répondre avec la plupart des auteurs et la jurisprudence du conseil d'État (6 août 1861, Brisset) que le décret de 1852 a maintenu expressément les formes de procédure pour les établissements de première classe, les recours seuls étant changés.

Le préfet prend alors un arrêté portant autorisation et contenant les conditions imposées à l'établissement.

Pour la deuxième classe, la demande faite au sous-préfet de l'arrondissement est transmise par lui au maire de la commune où l'on projette de former l'établissement en le chargeant de procéder à des informations *de commodo et incommodo*. Le sous-préfet prend ensuite sur le tout un avis en forme d'arrêté qu'il transmet au préfet qui prononce (art. 7 du décret de 1810).

Les établissements de troisième classe ne sont, quant à leur formation, soumis à aucune formalité d'affiche ou d'information. Le droit d'autoriser a été attribué au sous-préfet, après avoir pris l'avis des maires, par l'ordonnance de 1815 art 3. Cette différence a ainsi tranché la difficulté résultant de la double attribution faite par le décret de 1810 aux maires et aux sous-préfets. (Art. 2 et 8). A Paris et dans le ressort de la préfecture de police, l'enquête est toujours faite; l'autorité administrative peut en effet toujours recourir aux voies d'instruction qu'elle juge convenables; nous ne comprenons donc pas la qualification d'abus qu'a donné un auteur à cet usage. (Mirabel Chambeaud, Code des établissements industriels, tome 1er).

Il peut arriver que l'établissement se rattache à la fois à plusieurs classes. Faut-il en pareil cas former autant de demandes d'autorisation qu'il y aura de classes d'ateliers compris dans l'ensemble de l'établissement? Faudra-t-il autant d'instructions ou bien une seule instruction sur l'atelier de la classe la plus élevée suffira-t-elle?

La jurisprudence semble avoir varié. (Conseil d'État, 19 juillet 1826; Pughet, 21 mai 1847, Henry et Millot). Nous croyons cependant qu'une seule instruction et une seule autorisation doivent suffire pourvu, bien entendu, que l'instruction faite et l'autorisation obtenue suivant le mode prescrit pour les ateliers de la classe la plus élevée que comprend la demande. Il doit en être ainsi du moins toutes les fois que l'établissement n'est pas destiné à comprendre plusieurs genres d'industrie, que les opérations qui doivent s'y faire sont connexes.

Les intérêts généraux en particuliers n'auraient pas à se plaindre de ce mode de procéder qui leur donnerait ainsi les plus larges garanties.

D'après l'art. 13 du décret de 1810 l'autorisation est encore nécessaire en cas de translation des établissements ou de reprise des travaux après une interruption de 6 mois.

Cette prescription semble ne s'appliquer qu'aux établissements antérieurs à 1810; l'art 13 porte en effet : « les établissements maintenus par l'article 11, » et cet article est relatif aux établissements en activité lorsqu'a été rendu le décret, mais il n'y a aucune raison pour ne pas appliquer l'art. 13 à tous les établissements autorisés après le décret de 1810 car l'autorisation est en effet donnée surtout à l'emplacement et les conditions de danger, de salubrité ou d'insalubrité sont subordonnées à la situation des ateliers, et à la plus ou moins grande proximité des habitations. (Cassat. 27 déc. 1855.)

Des considérations analogues ont fait également exiger leur nouvelle autorisation après une interruption de longue durée; on craint toujours que les tiers ne soient trompés; une suspension de travaux pendant 6 mois fait penser que l'établissement ne sera plus remis en activité et des contrats ont pû être passés sur la foi de cette circonstance, c'est d'après cet article que la plupart des arrêtés d'autorisation renferment la clause de déchéance si l'empétrant n'en a fait usage dans le délai de 6 mois. L'interruption toutefois doit être volontaire; une interruption résultant d'un cas de force majeure, — comme un incendie, une invasion, — ou résultant de la nature des travaux faits dans l'établissement; le rouissage du chanvre qui n'a lieu qu'une fois par an ne rentrerait pas dans le cas prévu par l'art. 13; il en serait de même si l'interruption n'avait été que partielle, c'est-à-dire seulement pour certains ateliers faisant partie d'un établissement autorisé. (C. d'Etat, 15 juin 1850.)

Une question importante, parce qu'elle est de nature à se présenter souvent, est celle de savoir si une interruption par suite d'un procès judiciaire tombe sous le coup de l'article 13. Ce serait là, comme le dit M. Macarel (*Manuel des ateliers insalubres*) une manière détournée de parvenir à son but, pour un opposant qui aurait succombé dans une opposition primitive; il occasionnera une interruption forcée sous un prétexte quelconque; s'il est propriétaire, par exemple, il supposera des dégradations et des dommages causés à sa propriété; il introduira une action judiciaire qui pourra faire suspendre l'exploitation, et dès que cette interruption aura duré six mois, il lui suffira d'avertir l'administration pour qu'elle ne permette plus la mise en activité sans une nouvelle permission. Dans ce cas, la déchéance ne serait certainement pas encourue.

La déchéance, quoique encourue par une interruption de six mois, pourrait être couverte par un acte de l'administration impliquant reconnaissance légale de l'établissement, par exemple : après le chaumage d'un établissement principal, l'autorisation serait accordée pour y annexer un atelier supplémentaire. (Conseil d'Etat, 18 mai 1854.)

L'autorisation de mise en activitié devra être demandée à l'autorité administrative compétente selon la classe de l'établissement, et, s'il survient des oppositions, il sera procédé comme s'il s'agissait d'une création nouvelle. C'est donc cette autorité administrative qui appréciera si une nouvelle autorisation est nécessaire, c'est-à-dire s'il y a eu réellement interruption dans les travaux.

Une fois l'autorisation accordée, le fabricant doit se soumettre aux conditions qu'elle prescrit ; il n'y a point à rendre compte du plus ou moins d'extension qu'il donne à son industrie, mais il ne doit apporter à son établissement aucune modification, aucune addition de nature à exercer quelque influence sur la salubrité ou la sûreté publique.

C'est, en effet, le seul point de vue auquel l'administration doive se placer dans l'appréciation des conditions à imposer aux établissements de la nature de ceux dont nous nous occupons. Elle doit toujours être pénétrée de ce principe que son action se borne à concilier la liberté de l'industrie avec les exigences de la sécurité, de la salubrité et de la commodité publiques. Elle doit aussi se ménager les moyens de vérifier l'exact accomplissement des conditions qu'elle a imposées soit en vertu des dispositions réglementaires, soit dans la limite de ses pouvoirs propres. Elle ne doit autoriser que dans les conditions d'emplacement déterminées par la classe à laquelle ils appartiennent.

Ainsi les établissements de la première classe ne doivent pas être formés dans le voisinage des habitations particulières, mais l'on comprend que l'éloignement qui doit être observé est une question d'appréciation qui dépend de l'état des localités et de la nature des opérations qui doivent être executées. « Un établissement peut en effet, quoique très rapproché des maisons, être placé de manière à n'incommoder personne ; tandis qu'un autre qui en est assez éloigné va, par sa situation, les couvrir de vapeur qui en rendent le séjour désagréable. Un pareil état de choses s'oppose donc à ce qu'il soit établi des règles fixes et l'on en est dans la nécessité de laisser aux autorités locales le soin de déterminer les distances. » (Circulaire du ministre de l'intérieur aux préfets, du 22 novembre 1811).

L'administration est donc souveraine pour apprécier dans chaque espèce, l'insuffisance de la distance. Elle aura aussi à tenir compte des circonstances dans lesquelles se trouvent les habitations voisines. C'est ainsi qu'on peut considérer comme suffisante toute distance qui suffit pour empêcher les inconvénients d'être ressentis dans les habitations voisines, surtout s'il y avait un chemin public entre l'établissement et les habitations. (Conseil d'Etat, 16 décembre 1858).

La jurisprudence a fait de nombreuses applications de cette disposition réglementaire ; mais l'éloignement n'est imposé qu'au profit seulement des habitations qui existaient déjà au moment de l'autorisation : « Tout individu, porte l'article **9** du décret de 1810, qui ferait des constructions dans le voisinage de ces manufactures et ateliers, après que la formation en aurait été permise, ne sera plus admis à en solliciter l'éloignement. »

Dans beaucoup de circonstances, l'éloignement des habitations ne suffirait pas pour sauvegarder la salubrité ou prévenir les dangers d'incendie. Il est nécessaire de subordonner l'autorisation des établissements à certaines conditions qui varient en raison des procédés particuliers à chaque industrie. Afin de guider les préfets dans l'accomplissement de cette partie délicate de leur tâche et d'obtenir, autant que possible, l'uniformité si désirable en pareille matière, une circulaire ministérielle du 15 décembre 1852 leur a transmis un état indiquant les conditions d'exploitation qu'il est dans l'usage d'exiger à l'égard des établissements qui présentent le plus d'inconvénients pour le voisinage. Une autre circulaire du 6 avril de la même année leur a prescrit, en outre, de prendre toujours l'avis du conseil d'hygiène et de salubrité de l'arrondissement dans lequel l'établissement est projeté. Cette dernière pratique est toujours suivie à Paris, même pour les établissements des deux dernières classes.

L'éloignement des habitations ne constitue pas une condition aussi absolue pour l'établissement de la deuxième classe, « mais il importe, dit le décret de 1870, de n'en permettre la formation, qu'après avoir acquis la certitude que les opérations qu'on y pratique seront exécutées de manière à ne pas incommoder les propriétaires du voisinage ni à ne pas leur causer de dommage. »

Nous ne pouvons énumérer ici toutes les circonstances qui peuvent empêcher la certitude d'innocuité; mais ce sera le plus souvent la situation de l'établissement projeté au centre des habitations agglomérées ou dans certains quartiers des villes (Conseil d'Etat, 2 décembre 1861) ou contigue à des habitations (C. d'Et. du 21 décembre 1854); quelquefois aussi le voisinage d'un établissement public, un hospice, par exemple (C. d'Et., 28 novembre 1861) ou un pensionnat (C. d'Et., 12 mai 1869), ou encore les procédés de fabrication pourront faire refuser l'autorisation.

Aux termes du décret de 1810, les établissements de 3e classe peuvent rester auprès des habitations particulières : il ne s'ensuit pas que l'administration doive permettre toujours la formation d'un atelier de 3e classe auprès des habitations, mais, si dans des cas, toujours rares certainement, la proximité d'un tel établissement devait être une cause d'insalubrité ou de grave incommodité, l'autorité ne devrait pas s'éviter à en prescrire l'éloignement.

L'intérêt de la sûreté et de la salubrité, avons-nous dit, est le seul que l'administration soit chargée de protéger : la conséquence en est que si des autorisations sont refusées ou ne sont accordées que sous des conditions dont la nécessité n'est pas justifiée par des considérations de sécurité ou de salubrité fondées en fait, les arrêtés doivent être réformés et les autorisations maintenues sans conditions ou du moins libres des conditions reconnues inutiles ; ainsi par exemple, l'autorisation ne pourrait pas être refusée sous prétexte que l'établissement à fonder porterait préjudice aux propriétés du voisinage qui ne sont que des maisons d'agrément que le voisinage d'une usine déprécierait. (Conseil d'État, 24 mai 1860).

L'administration ne devrait pas davantage admettre une opposition fondée sur ce que le terrain où doit être placée l'entreprise étant exigu, il en résulterait pour l'usinier la nécessité d'empiéter sur un chemin de halage voisin (14 février 1856, Cons. d'État), ou sur ce que la ville où l'on veut exploiter est habituellement fréquentée par des étrangers (Cons. d'État, 28 juillet 1864).

On ne doit pas davantage admettre une opposition fondée sur la concurrence que l'établissement projeté peut faire à un atelier antérieur ; mais il ne faut pas confondre avec ce cas une circonstance toute différente, celle où le voisinage d'un établissement industriel compromettrait non plus l'existence commerciale du premier mais son existence matérielle. M. de Cormenin (Dt. administratif, t. 1er p. 261 *ad notam*) rapporte à ce sujet plusieurs ordonnances: une du 28 février 1828 rejetant une opposition contre un arrêté du conseil de préfecture de la Haute-Loire, qui accordait l'autorisation à un établissement dont les eaux étaient infectes et nuisaient aux établissements antérieurs; l'autre ordonnance du 7 mai 1828 (Lesegretan C. Ernest) était encore plus explicite, et constatait que la machine à feu du Sr Ernest portait un préjudice grave à la blanchisserie du Sr Lesegretan.

Le savant auteur considère ces ordonnances comme inspirées par un mauvais esprit, illibéral et anti-industriel. Nous ne pensons pas que ces critiques soient fondées, car la mission de l'autorité en cette matière est précisément de veiller à la sûreté des propriétés, propriété industrielle ou rurale, et c'est bien protéger l'industrie que de prévenir la ruine d'un industriel parce qu'il a plu à un propriétaire voisin de choisir un emplacement peu convenable pour y former un établissement nuisible par son insalubrité en des inconvénients d'autre sorte.

L'administration ne peut pas également imposer des conditions ne portant pas sur le demandeur en instance ou sur sa propriété. (Conseil d'État 2 août 1826, Curet. 24 février 1853 Fouquet).

Mais l'autorisation peut contenir la condition de limiter la fabrication à certains produits ou à une quantité déterminée de matière (le décret du 31 décembre 1866 classe même dans des classes différentes la même industrie suivant que l'approvisionnement est plus ou moins considérable) ou de n'opérer que pendant certaines saisons.

L'autorisation peut-elle être temporaire? « Cette « faculté, dit M. de Cormenin (Droit administra- « tif, V. ateliers insalubres, appendice titre II, p. 19) « n'est expressément consacrée par aucune dispo- « sition du décret de 1810 ni des ordonnances « postérieures; elle semble même en contradic- « tion avec le droit de révocation établi par l'art. 12 « du décret, enfin les inconvénients de l'instabi- « lité du défaut de sécurité, de l'obstacle qu'elle « apporterait aux perfectionnements industriels « sont de toute évidence. Les inconvénients sont « cependant balancés par quelques avantages et « notamment par celui de permettre, soit à l'in- « dustriel, soit à l'administration d'étudier les « procédés nouveaux qui feraient l'objet de ces « autorisations, afin d'arriver ainsi à l'expiration « du terme fixé, à un classement plus sûr et défi-

« nitif. Au point de vue légal, on a d'ailleurs sou-
« tenu que le plus renferme le moins ; qu'ainsi
« l'autorisation, pouvant être absolument refu-
« sée, peut être accordée pour un temps limité ;
« c'est en ce sens que la pratique administrative
« s'est prononcée. Il est d'usage toutefois de com-
« muniquer au demandeur en autorisation, la
« proposition de limitation ; son refus d'y adhérer
« la rendrait en effet inutile, et ce serait alors à
« l'administration à examiner si elle doit refuser
« toute autorisation ou l'accorder illimitée ».

Il faut consulter sur cette question un avis inédit du conseil d'Etat du 1er octobre 1835 portant : « que lorsqu'un établissement insalubre ou incommode se trouve placé dans le voisinage d'une grande ville, on peut ne pas accorder une autorisation définitive et perpétuelle, mais seulement limitée à quelques années, mais on doit faire part de cette condition avant de statuer. »

On peut ajouter à ces considérations que les autorisations limitées sont préjudiciables à la fois aux industriels et au voisinage ; aux industriels, parce qu'elles les entraînent dans des dépenses qu'ils n'ont pas toujours le temps d'amortir ; au voisinage, parce que la courte durée de telles autorisations ne permet pas d'exiger des garanties aussi complètes et aussi dispendieuses que si l'établissement était appelé à jouir d'une durée indéfinie. De plus ces autorisations ont encore l'inconvénient de mettre l'administration dans une position délicate et pénible au moment où elles expirent et où le renouvellement en est demandé; car elle se trouve placée entre les intérêts de l'industriel qui a engagé des capitaux plus ou moins considérables et les intérêts nouveaux qui ont pu se créer légitimement dans le voisinage puisque l'établissement n'y possédait, d'après son autorisation même, qu'une existence temporaire et à échéance déterminée.

Cependant le conseil d'État a toujours admis la la validité des actes d'autorisations temporaires (Cons. d'État 19 février 1875); mais il convient de remarquer que c'est toujours l'intérêt de la sécurité, de la salubrité ou de la commodité qui doivent guider les administrations lorsqu'il y a lieu de limiter une autorisation.

L'autorisation une fois accordée forme pour l'industriel un titre auquel il ne doit être porté atteinte que dans les cas prévus par la loi elle-même. Aussi une autorisation ne peut être révoqués sous prétexte de l'insuffisance des conditions imposées (Cons. d'État, 16 juillet 1857), ni même si, en cas de plainte des voisins le préfet a réservé cette faculté à l'administration (Cons. d'État, 5 juillet 1861), ou en cas où des inconvénients reconnus des usines similaires viendraient à se produire (Cons. d'État, 15 décembre 1865), mais on peut dans un arrêt d'autorisation réserver à l'administration le droit de supprimer un établissement pour le cas où elle croirait cette mesure nécessaire dans l'intérêt de la sécurité générale et de la salubrité publique (Cons. d'État 13 janvier 1853).

Le rôle de l'administration doit être surtout essentiel et une bonne police administrative doit toujours plutôt prévenir que réprimer, si donc l'administration reconnaît que les conditions à imposer pour ne pas incommoder le voisinage sont d'une exécution difficile, — bien que dans ce cas, les tribunaux tout en recherchant si les prescriptions pour contravention auxquelles l'exploitant est poursuivi, ont été édictées légalement, n'aient pas à en apprécier le plus ou moins de difficulté d'exécution (Cass. 3 août 1866), — ou que sa surveillance ne pourra s'exercer d'une manière efficace, l'autorisation pourra être refusée (Cons. d'État, 17 décembre 1828 et 23 juillet 1823.

Quoique ces deux ordonnances nous paraissent parfaitement légales au point de vue de la législation qui nous occupe, — les motifs de refus prouvent en effet que les établissements n'étaient pas d'une innocuité absolue, — il est certain qu'en principe un refus n'est pas suffisamment motivé par la crainte d'une contravention possible ou d'une surveillance éventuellement difficile ; d'un côté, en effet, la crainte peut n'être pas fondée, de l'autre le devoir de l'administration est de redoubler de surveillance. Nous pensons d'ailleurs que les arrêtés de refus ne devraient jamais être motivés sur un vice qu'il est possible de faire disparaître, mais seulement sur les inconvénients généraux attachés soit à la nature de l'établissement projeté, soit à la situation dans les localités mal disposées, et que lorsqu'il présente seulement des inconvénients auxquels on peut remédier, l'autorité doit surseoir à toute décision ou accorder l'autorisation à la charge expresse de faire disparaître ces inconvénients.

L'autorisation, avons-nous dit, doit être accordée en vue des localités où les établissements doivent être formés ; les conditions sous lesquelles leur création doit être permise ont le même objet, il s'ensuit qu'aussi longtemps que l'autorisation n'est pas révoquée, elle continue à subsister au profit des locataires ou propriétaires qui se succèdent, à charge par eux toutefois d'observer toutes les conditions imposées. L'établissement et le terrain forment en effet un tout dans l'autorisation, et ce n'est pas le possesseur qui le rend utile ou nuisible ; les appareils montés à demeure, les constructions composent en grande partie la valeur de la fabrique et en font une propriété transmissible à quelque titre que ce soit et exiger le renouvellement des permissions lorsque les établissements passent dans les mains d'un nouveau propriétaire serait apporter trop d'entraves à l'exercice légal du droit de propriété et donner trop d'extension aux pouvoirs que les réglements accordent sur ces établissements.

Mais si l'autorisation n'a pas besoin d'être renouvelée, c'est-à-dire de ce qu'elle est donnée au local, doit-on inversement refuser à quelqu'un une autorisation que l'on a déjà refusée à une autre personne pour le même local et le même genre d'industrie ? autrement dit, l'exception de chose jugée résultant du refus précédant pourra-t-elle être opposée par l'administration ? Il est certain que si tous les éléments qui avaient motivé le refus de la première demande, se rencontrent dans la seconde, l'exception de la chose jugée sera valablement opposée, mais il n'existe aucun obstacle légal à ce que l'autorité qui a prononcé examine cette seconde requête et à ce que reconnaissant l'erreur qu'elle avait pu commettre, elle ne lui donne une solution favorable.

Il peut arriver que l'instruction administrative se trouve modifiée ou plutôt compliquée par une autre instruction qui ne porte pas sur l'innocuité de l'établissement, mais qui vient se juxtaposer à l'instruction principale.

L'art. 6 du décret du 15 octobre 1810, porte en effet : « S'il s'agit de fabriques de soude, ou si la fabrique doit être établie dans la ligne des douanes, notre directeur général des douanes sera consulté. »

De plus, la nomenclature annexée à l'ordonnance

du 14 janvier 1815 se termine par cette disposition : « L'accomplissement des formalités établies par le décret du 15 octobre 1810 et par notre présente ordonnance ne dispense pas de celles qui sont prescrites pour la formation des établissements qui seront placés dans le rayon des douanes ou sur une rivière qu'elle soit navigable ou non ; les règlements à ce sujet continueront à être en vigueur. »

Les règlements auxquels il est fait allusion sont : 1° l'art. 41, titre 13 de la loi des 6-22 août 1791, portant « qu'il ne pourra être formé dans une étendue de deux lieues des frontières, aucune nouvelle clouterie, papeterie ou autre grande manufacture ou fabrique sans l'avis du directeur du département. »

2° L'art. 1er du décret du 10 brumaire an XIV, textuellement reproduit par l'art. 75 de la loi du 30 avril 1806, aux termes duquel « l'autorisation nécessaire d'après l'art. 41 ci-dessus reproduit pour établir des manufactures et construire des moulins soit à vent, soit à eau ou d'autres usines ne sera accordée que sur le rapport des préfets et l'avis des directeurs des douanes, constatant que la position de ces établissements ne peut favoriser la fraude. »

Puis est intervenue spécialement pour les fabriques de soude une ordonnance royale du 8 juin 1822, dont le but était de mettre fin aux profits que la contrebande avait pu tirer de l'affranchissement de tout impôt stipulé par un décret du 13 octobre 1809 pour le sel employé à la fabrication des soudes ; il y est dit, art. 9 : « Lorsqu'il s'agira de l'établissement d'une nouvelle fabrique de soude, notre directeur des douanes sera consulté, quelle que soit la classe dans laquelle ces sortes de fabriques auront été rangées soit par le décret du 15 octobre 1810, soit par l'ordonnance royale du 14 janvier 1815. Aucune permission ne pourra être accordée si la fabrique n'est fermée par un mur d'enceinte à hauteur suffisante, dans lequel il ne pourra être pratiqué d'autre communication avec l'intérieur que celle de la porte d'entrée. »

Aujourd'hui, l'autorisation dont il s'agit est placée dans les attributions préfectorales par le décret du 25 mars 1852 qui dispose, art. 2 et § 9 du tableau B, que : « Les préfets statueront, sans l'autorisation du ministre de l'intérieur, sur l'autorisation de fabriques et ateliers dans le rayon des douanes sur l'avis conforme du directeur des douanes. »

S'il s'agit d'un établissement de première ou de deuxième classe, l'instruction spéciale exigée à raison de la situation locale, viendra se joindre à l'instruction ordinaire, et il sera statué sur le tout par un seul arrêté du préfet; mais s'il s'agit d'un établissement de troisième classe, la compétence du sous-préfet au point de vue de la salubrité, n'étant point modifiée par le décret de décentralisation, il faudra nécessairement deux instructions séparées, indépendantes portant sur des objets différents, et deux décisions distinctes émanant de deux autorités administratives différentes.

La décision du sous-préfet sera subordonnée à l'autorisation du préfet qui portera sur le point de vue spécial de l'intérêt du service des douanes, car il faut remarquer qu'au point de vue du danger, de l'incommodité ou de l'insalubrité; la décision du sous-préfet ne pourrait être réformée par le préfet, puisque, ainsi que nous le verrons plus loin, le recours ou l'opposition contre cette décision doit être porté au conseil de préfecture.

Faisons toutefois observer que l'avis que serait appelé à donner le conseil de Préfecture au cas d'établissement de 1re classe et d'oppositions faites à un tel établissement, ne pourrait être appuyé que sur des considérations de sécurité ou de salubrité (Conseil d'Etat, 22 février 1838).

Remarquons enfin que si le préfet et le directeur des douanes n'ont pas un avis conforme, on devra dans ce cas recourir au supérieur commun qui ici sera la ministre des finances.

Il faut aussi deux instructions s'il s'agit d'un établissement situé sur un cours d'eau.

En vue de conserver les voies affectées à la navigation, les anciens réglements ont prohibé toute entreprise qui pourrait diminuer le hauteur des eaux, modifier ou dégrader leur lit ou leur bord en un mot changer leur cours. L'arrêt du conseil du 24 juin 1777 défend « à toute personne de faire aucune construction sur et au long des canaux navigables à peine de mille livres d'amende et de démolition des dits ouvrages. » Cette défense est la reproduction d'une prohibition semblable faite par l'ordonnance d'août 1669 (titre XXVII art. 42).

Le Directoire exécutif par arrêté du 19 ventôse an VI prescrivit l'obtention d'une permission de l'administration centrale pour former un établissement quelconque sur ou le lon des rivières navigables et flottables.

Il en est de même pour les cours d'eau non navigables en vertu de la loi du 22 décembre 1789 qui charge les administrateurs des départements de veiller à la conservation des rivières et autres choses communes et de la loi, en forme d'instruction du 12 août 1790 qui les charge de procurer le libre cours des eaux ; et par suite de veiller à ce qu'aucun empêchement ne soit apporté à ce libre cours sans autorisation. Le décret du 25 mars 1852 (art. 4 et tableau D) ayant donné aux préfets, mais sur l'avis ou la proposition des ingénieurs en chef l'autorisation de tout établissement nouveau sur les cours d'eau non navigables ni flottables, une fois les deux instructions faites, une seule autorisation suffira si l'établissement de 1re et de 2e classe et situé sur un cours d'eau non navigable si au contraire l'établissement est de 3e classe, il faudra, ainsi que nous l'avons dit pour les établissements situés dans le rayon des douanes, deux autorisations.

Dans la nomenclature annexée à l'ordonnance réglementaire du 14 janvier 1815, on lit à la suite de l'énonciation de chacun des établissements qui rentre dans la catégorie des usines à feu, la mention suivante :

« Indépendamment des formalités prescrites par « le décret du 15 octobre 1810, la formation des « établissements de ce genre ne pourra avoir « lieu qu'après que les agents forestiers en rési- « dence sur les lieux auront donné leur avis sur « la question de savoir si la reproduction des « bois dans le canton et les besoins des commu- « nes environnantes, permettent d'accorder la per- « mission. »

« C'est à l'administration, dit M. Clérault, *Établissements dangereux* (n° 31), à prendre l'avis des agents forestiers ; du reste, ils ne doivent être consultés que quand il s'agit d'une manufacture de 1re classe. Car, la mention ci-dessus reproduite ne se trouve qu'après des usines rangées dans la 3e classe. »

Remarquons aussi que cette instruction exceptionnelle et accessoire n'est pas motivée sur le danger d'incendie des bois et forêts; ce point est examiné dans l'instruction principale; aussi l'instruction est prescrite, quelle que soit la distance qui doit séparer l'établissement projeté des bois et forêts; et il n'est nullement question de la distance dans les mentions de la nomenclature de 1815; la crainte des incendies donne d'ailleurs lieu à l'application des dispositions particulières mentionnées dans les articles 151 à 155 du Code forestier.

L'avis des agents forestiers en résidence sur les lieux est pris par le Préfet qui, saisi de la demande en autorisation la transmet au conservateur de la localité en lui demandant un rapport sur la question de savoir si la reproduction des bois dans le canton et les besoins des communes environnantes permettent d'accorder l'autorisation. Le conservateur transmet au Préfet l'avis des agents qu'il a consultés, avec son appréciation personnelle.

L'avis des agents forestiers peut bien être pris en considération par le Préfet, mais il ne le lie pas, et l'autorisation peut être accordée contrairement à l'avis de l'administration forestière. Cet avis ne peut être non plus l'objet des observations du Conseil de préfecture, s'il est saisi pour donner son avis par suite d'oppositions soulevées par des tiers; la seule mission du Conseil de Préfecture, érigé en comité consultatif, est de donner son avis sur les conditions de danger ou d'insalubrité que peut présenter l'établissement, et sur le mérite des oppositions à cet égard; c'est ce qui a été jugé plusieurs fois par le Conseil d'Etat, et notamment que l'intérêt de la reproduction des bois dans le canton ou l'intérêt des besoins de consommation des communes environnantes ne pouvait être apprécié par le Conseil de Préfecture. (Conseil d'Etat, 5 janvier 1830, Champigny.)

Parmi les usines à feu de la première classe, les hauts-fourneaux sont en outre soumis à des règles spéciales à l'observation desquelles renvoie une mention également insérée dans la nomenclature de l'ordonnance royale du 14 janvier 1815 :

« Les établissements de ce genre ne seront autorisés qu'autant que les entrepreneurs auront rempli les formalités prescrites par la loi du 21 avril 1810 et par les instructions du ministre de l'intérieur :

La loi du 21 avril 1810 soumet elle-même l'établissement des hauts-fourneaux à la nécessité d'une permission préalable. La section IV du titre VII de la loi, est relative aux permissions pour l'établissement des fourneaux, forges et usines, et l'art. 73 dispose : « Les fourneaux à « fondre les minerais de fer et autres substances « métalliques, les forges et martinets pour ouvrer

« le fer et le cuivre, etc., ne pourront être établis « que sur une permission accordée par un règle- « ment d'administration publique. »

L'art. 74 relatif à l'instruction exige « qu'une « demande de permission soit adressée au préfet, « enregistrée sur un registre spécial et affichée « pendant quatre mois dans le chef-lieu du dé- « partement, dans celui de l'arrondissement, dans « la commune où sera situé l'établissement pro- « jeté et dans le lieu du domicile du demandeur. « Le préfet et l'administration des mines doivent « donner leur avis. »

Le décret du 15 octobre 1810 et l'ordonnance du 14 janvier 1815 doivent donc être combinés avec cette loi et l'instruction des demandes se trouve modifiée, non seulement en ce qui concerne l'apposition des affiches, mais encore en ce qui concerne les délais et les différents avis qui doivent se juxtaposer aux enquêtes.

Enfin, les abattoirs doivent aussi quelquefois faire l'objet d'une instruction particulière.

Les abattoirs sont rangés dans la première classe des établissements insalubres et à ce titre doivent être éloignés des habitations ; à raison des opérations qui s'y accomplissent, on exige autant que possible qu'ils soient placés dans le voisinage d'un cours d'eau ou en tout cas approvisionnés d'eau en abondance.

Aux termes de l'art. 2 de l'ordonnance royale du

15 avril 1838, la mise en activité de tout abattoir public et commun légalement établi entraîne de plein droit la suppression des tueries purticulières situées dans la localité.

Le décret du 25 mars 1852 ayant rangé l'autorisation des établissements insalubres de première classe parmi les objets sur lesquels les préfets pouvaient désormais statuer sans recourir à l'autorité supérieure, on en tira d'abord cette conséquence que, en tant qu'établissements insalubres, les abattoirs étaient décentralisés et qu'à l'égard des voies et moyens d'exécution les préfets pouvaient approuver les taxes d'abattage; mais par une circulaire ministérielle du 22 juin 1853, rendue après avis des sections réunies de l'intérieur et du commerce du Conseil d'Etat, les préfets furent invités à s'abstenir de statuer sur ces questions. La construction d'un abattoir touche en effet aux intérêts financiers de la commune par la fixation de taxes d'abatage, les emprunts à faire pour la construction, etc.

Plus tard, un décret du 1er août 1864, autorise les préfets à prononcer sur ces questions, mais en fixant des limites qui ne pourraient excéder les taxes d'abatage dans les cas les plus ordinaires, dans les cas où des circonstances ordinaires nécessitent des taxes supérieures à celles indiquées dans le décret, elles ne peuvent être autorisées que par un décret rendu en Conseil d'Etat.

Les abattoirs sont des établissements communaux et leur construction est un travail public, aussi les tribunaux n'en pourraient ordonner la suppression et ne seraient pas compétents pour connaître des dommages causés par cette construction (Conseil d'Etat, 13 décembre 1861), mais ils peuvent statuer sur le préjudice résultant de l'exploitation ; sous ce rapport, l'abattoir est une propriété privée productive de revenus.

Une autorisation peut être repoussée en s'appuyant sur d'autres inconvénients que ceux indiqués dans le tableau général, même lorsqu'il est certain que le classement aurait été déterminé par des motifs autres que ceux opposés au demandeur ; toutes les causes qui ont pu déterminer le classement doivent être appréciées par l'administration. Le principe auquel il faut toujours se rattacher, c'est qu'un établissement ne peut être autorisé s'il n'est, non par nature mais par les conditions qui lui sont faites, ni dangereux, ni insalubre, ni incommode ; le but du décret a été précisément de garantir la propriété des dommages que pourraient causer certains ateliers ; lors donc que l'autorité reconnaît que ces dommages ont lieu, elle a le droit de ne point accueillir la demande. Le seul point à apprécier sera la gravité des inconvénients que l'on prévoit. Ces principes ont été appliqués par le Conseil d'État après une jurisprudence contraire (Seligne, 8 novembre 1829) dans deux décisions du Conseil d'État du 6 avril 1836 et du 14 décembre 1844. « Considérant, dit l'une de ces ordonnances, que toutes les causes qui ont pu motiver ce classement doivent être prises en considération pour déterminer les conditions auxquelles on peut accorder l'autorisation ; et l'autre : considérant que les établissements de deuxième classe ne peuvent être autorisés qu'autant qu'on a acquis la certitude qu'ils ne *pourront ni incommoder les propriétairs voisins, ni leur causer de dommages.* » Il s'agissait dans cette dernière d'une machine à vapeur, et ces machines avaient été rangées dans la deuxième classe à cause du danger d'explosion et non à cause du bruit ; c'est de ce dernier inconvénient que se plaignaient les voisins.

L'autorisation doit également être accordée aux industries brevetées. Le brevet d'invention n'est en effet (loi du 2 juillet 1844, art. 1er) que la constatation faite par le gouvernement du droit exclusif qu'a une personne d'exploiter à son profit, pendant un certain temps, toute nouvelle découverte ou invention dont elle est l'auteur. Les brevets sont délivrés aux risques et périls du demandeur (art. 11). Le brevet ne leur donne d'autre droit que de faire l'objet inventé à l'exclusion de tout autre, mais quant à son usage, à son application à une industrie quelconque, il reste soumis à toutes les lois, à tous les règlements de police, notamment à ceux qui concernent la sûreté ou la salubrité publique.

Section III.

Etablissements non soumis à l'autorisation.

Nous avons dit déjà que la nécessité de l'autorisation résultait de ce que l'établissement que l'on voulait former avait été classé dans la nomenclature annexée au décret de 1810, nomenclature remplacée actuellement par celle jointe au décret du 31 décembre 1866. Donc, il n'y a pas besoin d'autorisation pour les établissements non classés.

Indépendamment de ces établissements, ceux antérieurs au décret de 1810 sont encore dispensés de l'autorisation. L'art. 11 du décret porte en effet : « Les dispositions du présent décret n'auront point d'effet rétroactif; en conséquence, tous les établissements qui sont aujourd'hui en activité continueront à être exploités librement, sauf les dommages dont pourront être passibles les entrepreneurs de ceux qui préjudicient aux propriétés de leurs voisins, les dommages seront arbitrés par les tribunaux. »

D'après les termes mêmes de cet article, il n'aurait pas suffi que les établissements fussent projetés; l'activité au moment du décret est une condition essentielle exigée.

Mais qui sera juge de la question de savoir si l'établissement était ou n'était pas antérieur au décret? M. Macarel (*Manuel des ateliers dangereux insalubres ou incommodes*) dit qu'il est peu conforme aux règles du droit général, même du droit administratif de faire juger par un préfet un grave débat entre un fabricant et un tiers; le préfet dit-il, est un administrateur et non point un juge, et la question devrait être tranchée par le Conseil de préfecture. Mais le Conseil de préfecture est un tribunal qui ne juge qu'autant que la compétence lui a été attribuée par une loi expresse; et cette question ne rentre pas dans les différents cas où d'après le décret de 1810, le Conseil de préfecture est appelé à statuer. Il nous semble alors que ce sera le préfet qui devra prononcer sur cette question; de quoi s'agit-il en effet? N'est-ce pas d'une question administrative? N'est-ce pas une question administrative que de décider si un établissement est ou peut être incommode, s'il est susceptible d'être compris dans le classement; et, par suite, s'il a besoin d'une autorisation en vertu de l'art. 1er du décret ou s'il peut s'en passer en vertu de l'art. 11? Ce sera donc au préfet à décider que l'établissement était antérieur à 1810. La décision du préfet, dans ce cas, ne serait pas susceptible d'être déférée au Conseil d'Etat par la voie contentieuse. Le recours devrait être porté devant le ministre.

Mais si ces établissements sont dispensés d'autorisation, il ne faut pas perdre de vue que les propriétaires ne peuvent augmenter leurs appareils, agrandir leur local ou opérer des mutations assez considérables pour changer la nature des rapports existant entre ces établissements et les propriétés voisines, sans être dès lors assujettis aux dispositions du décret. La confirmation portée par l'article 11 s'applique en effet à l'ancien état des ateliers maintenus dans le même système. Cela résulte des mots : continueront à être exploités librement.

Enfin il convient de remarquer, en passant, que cette question se présentera généralement comme exception, comme défense opposée à l'attaque dirigée contre un établissement dont l'existence est menacée ; sont enfin dispensés d'autorisation les établissements qui par leur nature insalubres, incommodes ou dangereux sont affectés à un service public ; parmi ces établissements sont les poudreries militaires et les fabriques de dynamite exploitées par l'Etat.

Pour les poudreries militaires, la question s'est présentée pour la première fois en 1821 à l'occasion de la translation de la poudrerie d'Essonne dans le domaine du Bouchet. Une opposition formée à ce déplacement fut rejetée par le motif que les « dispositions prises par le Gouvernement pour la formation des établissements qui intéressent la sûreté ou la défense du territoire ne peuvent devenir l'objet d'une opposition par la voie contentieuse. » (Cons. d'Etat, 20 novembre 1822).

Depuis, la jurisprudence du Conseil d'État n'a pas varié, et les mêmes raisons ont toujours été données (C. d'Ét. 17 septembre 1844). Il s'agissait là d'une opposition formée par la ville de Metz à l'exécution de travaux que le Gouvernement avait prescrits à la poudrerie de l'île de Saulcy.

Plus récemment encore (17 mai 1878), le Conseil d'État a repoussé une opposition formée à une fabrique de dynamite exploitée par l'Etat ; vainement, disait-on, que l'art. 3 de la loi du 8 mars 1875 qui a autorisé la fabrique de la dynamite dans les établissements particuliers a assujetti ces fabriques aux lois et réglements qui régissent les ateliers dangereux et insalubres de la première classe; cette disposition, a décidé le Conseil d'Etat, ne s'applique pas aux établissements de l'Etat servant à la fabrication de la dynamite pour les besoins des services et dont l'existence intéresse la sûreté et la défense du territoire.

Section IV.

Des recours des industriels et des oppositions contentieuses.

La décision du préfet sur la demande en autorisation peut donner lieu à des recours soit de la part du pétitionnaire, dont la demande est repoussée, ou n'est admis que sous des conditions qu'il considère comme contraires à ses intérêts, soit de la part des tiers et par voie d'opposition à l'arrêté du préfet, lorsque cet arrêté a autorisé l'établissement.

C'est l'art. 7 du décret de 1810 qui a réglé la manière dont les oppositions et les recours doivent être faits. Après avoir prescrits l'enquête *de commodo et incommodo* pour les établissements de deuxième classe, cet article ajoute : « Ces observations terminées, le sous-préfet prendra sur le « tout un arrêté qu'il transmettra au préfet. Celui-ci statuera sauf le recours à notre Conseil « d'Etat par toutes parties intéressées. »

« S'il y a des oppositions, il y sera statué par « le Conseil de préfecture sauf le recours au Conseil « d'Etat. »

Cet article, en vertu du décret de décentralisation du 25 mars 1852 est actuellement applicable aussi aux établissements de première classe, pour lesquels un décret du Conseil d'Etat était autrefois nécessaire. Alors il n'y avait aucun recours possible si ce n'est pour violation des formes.

La rédaction de l'art. 7 a donné lieu à de sérieuses difficultés.

La première partie paraît en effet comprendre tous les cas aussi bien le cas d'autorisation que celui de refus, et disposer tout à la fois en ce qui concerne le recours des tiers et celui du pétitionnaire. On a cherché à concilier ces deux dispositions en disant que le Conseil de préfecture doit être saisi des oppositions qui s'élèvent contre l'arrêt d'autorisation (Chevalier, Jurisprudence administrative, v° *Ateliers insalubres* et Cons. d'Etat, 19 mars 1817).

On a dit aussi (M. Clérault, *Établissements dangereux*, n° 41), que lorsqu'il n'y a pas d'opposition, c'est au préfet à statuer, mais que c'est le Conseil de préfecture qui doit accorder ou refuser l'autorisation lorsqu'il y a contestation.

Le Conseil d'Etat n'a pas admis ces manières de voir: il a attribué une juridiction distincte et indépendante au préfet et au Conseil de préfecture.

Les oppositions des tiers contre les arrêts d'autorisation des préfets sont soumises au Conseil de préfecture, et le recours du pétitionnaire doit être porté directement devant le Conseil d'Etat (Conseil d'Etat, 2 décembre 1853). Le recours est une dérogation au principe suivant lequel les actes qui se rattachent au pouvoir de police ne peuvent être l'objet d'aucun recours par la voie contentieuse; or, il s'agit ici incontestablement de l'exercice d'un droit de police, puisque l'autorisation préalable est une mesure exigée dans l'intérêt de la salubrité publique. Une nouvelle difficulté est venue.

D'après l'article 6 du décret du 25 mars 1852, aux termes duquel les préfets rendront compte de leurs actes aux ministres compétents dans les formes et pour les objets déterminés par les instructions que les ministres leur adresseront. Ceux de ces actes qui sont contraires aux lois et règlements ou qui donnent lieu aux réclamations des parties intéressées peuvent être annulés ou réformés. Or, on a reconnu que cette disposition générale n'a trait qu'aux objets pour lesquels le recours n'a pas été spécialement prévu et organisé, et elle ne saurait prévaloir contre les termes du § 8 du tableau B, qui adopte expressément les recours existant (à cette époque) pour les établissements de deuxième classe ; or, le recours existant était le recours direct au Conseil d'Etat. Cet article 6 n'a donc rien changé en ce qui concerne les recours. (Conseil d'Etat, 29 décembre 1858.)

Le délai pour le former est celui déterminé par l'article 11 du règlement du 22 juillet 1806, c'est-à-dire trois mois à partir de la notification. La déchéance serait encourue même si on s'était pourvu devant une juridiction incompétente. (Conseil d'Etat, 2 décembre 1853).

L'industriel, en portant son recours devant le Conseil d'Etat, cherchera à prouver que l'établissement pour lequel l'autorisation est demandée présente, soit par sa nature, soit par les précautions qu'il prendra, toutes les garanties d'innocuité; mais ses prétentions peuvent être combattues par des tiers, des voisins qui, s'ils n'ont pas la faculté d'user du recours direct contre l'arrêté préfectoral, peuvent être intéressés à ce que l'arrêté soit maintenu dans le refus qu'il prononce ou dans les conditions qu'il prescrit, et par suite peuvent se présenter dans l'instance à titre d'intervenants. (Conseil d'Etat, 13 janvier 1853, 24 juin 1870.) Toutefois, ils ne pourraient pas intervenir en faveur de l'industriel. (Conseil d'Etat 13 janv. 1859.)

Les tiers peuvent encore venir devant le Conseil d'Etat par la voie de la tierce opposition dans le cas où ils n'ont pas figuré au débat; ils peuvent aussi intervenir par la voie du recours incident pour demander l'annulation ou la réformation de l'arrêté qui leur fait grief, et contre lequel l'impétrant s'est pourvu pour faire diminuer la rigueur des conditions imposées. (Conseil d'Etat, 24 juin 1870.)

Le Conseil d'Etat, en cas de recours ainsi porté devant lui, maintient le refus ou la condition imposée, ou les change ou accorde l'autorisation, mais pour ceci il faut que l'affaire soit complètement instruite, et que le Conseil ait tous les éléments pour pouvoir prononcer en connaissance de cause; si l'industriel en cours d'instruction devant le Conseil d'Etat demande à introduire des modifications assez considérables pour que l'on puisse considérer qu'il y a une demande nouvelle, il doit alors être statué dans les formes déterminées par le décret du 15 octobre 1810, et l'affaire est par suite renvoyée à l'autorité qui est appelée à en connaître. (Conseil d'Etat, 29 novemb. 1873.) Mais il peut arriver que le Conseil d'Etat appréciant d'après les renseignements fournis, les changements qui sont proposés, retienne la décision et fasse même procéder devant lui, en vertu du décret du 22 juillet 1806, art. 14, à l'accomplissement des formalités préalables. (Conseil d'Etat, 24 juin 1870.)

Les oppositions sont faites soit à la demande, soit à l'autorisation : dans le premier cas, c'est un obstacle à l'obtention de l'autorisation demandée; dans le second cas, elle survient alors comme un obstacle à l'exécution de l'acte qui a accordé l'autorisation, et tend à le faire réformer en tout ou en partie.

L'opposition à la demande se manifeste ordinairement par des protestations consignées dans les actes de l'instruction administrative, notamment dans les procès-verbaux d'enquête, ou par des protestations signifiées à la personne qui demande l'autorisation, ou par des mémoires adressés directement à l'autorité administrative; elle porte sur le fond même, c'est-à-dire sur les inconvénients qui sont de nature à faire écarter la demande d'autorisation en tout ou en partie.

L'opposition à l'autorisation peut porter sur la forme et sur le fond; mais pour être accueilli, le grief de forme doit porter sur une irrégularité qui ait été de nature à empêcher l'opposant de faire valoir ses griefs dans le cours de l'instruction administrative; l'instruction d'une demande doit en effet être toujours contradictoire avec tous les intéressés, et les formalités pour mettre les tiers en demeure de fournir leurs protestations n'ayant point été accomplies, les tiers ne peuvent souffrir d'omissions ou d'irrégularités qui ne proviennent pas de leur fait. Ainsi l'absence d'afficher dans l'une des communes du rayon de 5 kilomètres (art. 3 du décret de 1810) ouvre le droit d'opposition à tout habitant de cette commune qui n'aurait pas été entendu dans l'instruction administrative.

Le droit d'opposition serait ouvert à tout habitant de la commune, alors même que d'autres hatants de cette commune auraient été entendus dans l'instruction et quand bien même une enquête aurait eu lieu dans la commune même, car une enquête est incomplète et entachée d'une nullité originelle si elle n'est précédée et accompagnée des formalités de publicité qui seules peuvent la rendre sérieuse, sincère et complète. Il suffit au tiers opposant d'invoquer l'irrégularité ou l'omission pour que son opposition soit régulière. Il n'a rien de plus à prouver, et, pour le combattre, il faudrait prouver contre lui qu'il a eu connaissance de l'enquête et que son abstention n'a eu lieu que volontairement en parfaite connaissance de cause.

Mais l'absence d'affiches dans une commune n'ouvre la voie de l'opposition qu'aux seuls habitants et propriétaires de cette commune; les intéressés des autres communes du rayon ont été suffisamment en demeure par les affiches placardées dans ces communes.

L'absence d'enquête est également une omission de nature à rendre l'opposition valable; l'enquête est en effet la formalité la plus essentielle que prescrivent les art. 7 du décret du 15 octobre 1810 et de l'ordonnance royale du 14 janvier 1815. Dans ce cas, non-seulement il n'y a pas eu instruction contradictoire, mais il n'y a pas même eu d'instruction.

Mais les irrégularités ou les omissions peuvent être moins graves, moins radicales et moins complètes; ainsi le nombre des affiches, s'il est trop limité ou si l'affiche n'est restée que peu d'instants placardée, le mode, la durée de l'enquête, etc., donnent lieu à des griefs de nature à se présenter souvent. Dans tous les cas, il y aura une appréciation des faits; ainsi la circonstance que les affiches apposées pour appeler les intéressés à l'enquête n'indiquaient pas avec une complète exactitude, la nature de l'établissement projeté ne la vicierait pas, lorsque les pièces produites dans cette enquête ont fait connaître aux intéressés les opérations qui devaient y être pratiquées, que la plupart des demandeurs en nullité y ayant comparu pour former opposition, avaient pu prendre connaissance de ces pièces. L'autorité qui statue sur ces griefs devra d'ailleurs toujours apporter dans cet examen une salutaire rigueur et n'admettre que celles qui portent sur des faits graves et prouvés.

L'absence des plans exigés, le silence de la demande sur les circonstances diverses ou sur certaines conditions de la fabrication fourniront aussi difficilement un grief d'opposition, car cette absence n'a pas dû empêcher les tiers intéressés de se présenter à l'enquête et de réclamer.

Aux termes du décret du 15 octobre 1810, les Conseils de préfecture doivent donner leur avis sur les oppositions que l'enquête a soulevées. L'absence de cet avis ouvrirait sans aucun doute le droit d'opposition, mais ce défaut d'avis ne constitue qu'un défaut purement personnel au tiers dont l'opposition n'a pas été soumise au Conseil de préfecture; lui seul pourrait s'en prévaloir et l'irrégularité ne pourrait être invoquée ni par les opposants dont les oppositions ont été appréciées par le Conseil de préfecture, ni par les tiers qui se sont abstenus de toute opposition dans l'instruction administrative. L'irrégularité ou l'omission doit être prouvée par la partie qui l'invoque.

Cette preuve peut être puisée dans les énonciations des procès-verbaux exigés pour constater l'accomplissement des actes de l'instruction administrative, leur silence même pourra fournir des arguments de preuve; mais si les articulations de l'opposant sont contraires aux constatations matérielles des procès-verbaux, la preuve n'en pourra être admise qu'après qu'une inscription de faux aura détruit l'autorité attachée aux énonciations de ces actes.

Dans ces différents cas, l'opposition des tiers est plutôt fondée sur un excès de pouvoir que sur un recours contentieux.

Il y a en effet en matière administrative excès de pouvoir non-seulement en cas d'incompétence si par exemple un préfet empiète sur les attributions d'une autorité administrative inférieure mais encore lorsque le législateur ayant imposé pour la garantie des particuliers, l'obligation de suivre certaines formes, de consulter certains conseils, de recueillir l'opinion publique au moyen d'une enquête, ces formes substantielles ont été omises.

Il y a enfin encore excès de pouvoir, quand l'administrateur usant d'un pouvoir qui lui a été donné et observant les formes qui lui ont été imposées, s'en sert dans un but différent de celui que le législateur avait en vue.

Quelle est l'autorité compétente pour apprécier

les oppositions ainsi fondées sur un excès de pouvoir ?

Jusqu'à ces dernières années depuis un arrêt du 6 mai 1853, le Conseil d'Etat déclarait recevable le recours direct porté devant lui pour excès de pouvoir en matière d'établissements insalubres lorsqu'il était fondé sur un vice qui, s'il existe doit entraîner l'annulation, la cassation de l'arrêt attaqué sans exiger du Conseil une décision au fond; au contraire, lorsque le recours était fondé sur des questions de fond, lorsqu'il a pour objet de critiquer l'appréciation des circonstances de la cause, lorsqu'il tend en définitive non pas à l'annulation mais à la révision, à la réformation de la décision, le recours direct pour excès de pouvoir était repoussé et les oppositions devaient être portées devant le Conseil de Préfecture en premier ressort sauf appel au Conseil d'État.

Mais par arrêt du 14 janvier 1876, la jurisprudence semble avoir innové et cette innovation ne nous semble justifiée ni par le devoir de ne pas troubler l'ordre des juridictions ni par l'intérêt des justiciables. D'une part en effet la distinction entre l'objet des recours empêchait toute confusion de pouvoirs puisqu'elle avait précisément pour effet de déterminer l'étendue des pouvoirs de chacune des juridictions. D'autre part elle évitait des circuits de procédure qui amènent avec eux des lenteurs dont s'accomodent mal les nécessités de l'industrie et elle n'enlevait aux particuliers aucune des garanties que leur assure la loi, puisqu'en aucun cas le recours direct ne les privait du double degré de juridiction sur le fond.

On s'est demandé à l'occasion de cette décision de 1876 si on avait voulu poser un principe général sur la recevabilité des recours pour excès de pouvoir.

Trois systèmes, en effet, sont en présence, en matière de recevabilité du recours pour excès de pouvoir, devant le Conseil d'État. On se demande si une réclamation est recevable sous cette forme quand elle peut se produire devant une autre juridiction et aboutir aux mêmes fins avec une autre procédure.

Le premier système, longtemps pratiqué par le Conseil d'État, considère le pourvoi comme non recevable toutes les fois que, en cas d'application de l'acte attaqué, la juridiction administrative ou l'autorité judiciaire peut en apprécier la légalité, même si cette autre juridiction ne peut être saisie que par une voie indirecte, par exemple : la défense à une poursuite devant un tribunal de repression. On pensait qu'il était inutile d'ouvrir un double recours contre les mêmes actes dont la légalité pouvait être appréciée par l'une ou l'autre autorité, parce que dans ce cas les deux autorités agissant dans le cercle de leur compétence respective pouvaient rendre des décisions contradictoires.

Le deuxième système considère le pourvoi comme toujours recevable.

Le troisième, enfin, établit une distinction : le pourvoi est recevable si une autre juridiction ne peut être saisie qu'indirectement par une poursuite. Il ne l'est pas lorsqu'il existe un recours parallèle et direct.

Le second système que nous croyons devoir adopter s'appuie sur la loi du 7-14 octobre 1791, dont le § 3 dit : « Les réclamations d'incompétence à l'égard des corps administratifs ne sont en aucun cas du ressort des tribunaux, elles seront portées au roi, chef de l'administration générale. »

Cette loi, a-t-on dit, n'a pas la portée qu'on lui donne : elle a eu pour objet de trancher une question de compétence ; elle a été faite pour arrêter les empiètements de l'autorité judiciaire ; elle tend à assurer le maintien des juridictions et établir la séparation des pouvoirs administratif et judiciaire.

On a encore ajouté qu'il pouvait en être ainsi autrefois avant la loi du 24 mai 1872 sur le Conseil d'Etat qui a supprimé la justice retenue parce que l'empereur était le chef supérieur hiérarchique de l'administration et qu'il pouvait faire en cette qualité ce que le Conseil d'État ne pourrait pas faire aujourd'hui comme juge, et substituer ainsi sa juridiction à celles que la loi a organisées.

Ces arguments ne nous touchent pas, on peut répondre que le texte de la loi du 7-14 octobre 1790 et de la loi du 24 mai 1872, art. 9, est très large et ne comporte aucune distinction.

La jurisprudence à son début admettait le recours pour excès de pouvoir au cas d'incompétence ou de vice de formes substantielles; il n'y a pas à rechercher si en la continuant le Conseil a modifié le texte et l'esprit de la loi de 1790; la loi de 1872, en conférant par son art. 9 en termes exprès, au Conseil d'État le droit de statuer sur les demandes d'annulation pour excès de pouvoir, n'a pas eu pour but de rappeler la loi de 1790, le législateur a voulu « armer les particuliers du recours pour excès de pouvoir devant le Conseil d'État, sous quelque régime que nous vivions et de quelque nom que s'appelle le chef du pouvoir exécutif. » (Rapport de M. Batbie, D. 1872, 4e partie, p. 95). Il a ainsi confirmé l'extension que la jurisprudence avait donnée, et cette circonstance qu'il a délégué un pouvoir que le souverain exerçait autrefois personnellement, en la forme du moins, est indifférente.

La distinction proposée confondrait d'ailleurs le recours contentieux et le recours pour excès de pouvoir, elle supprimerait le recours direct pour ne plus laisser subsister que le recours par voie d'appel.

Le recours direct pour excès de pouvoir permet aux mécontentements que peuvent causer certains actes des fonctionnaires de se faire jour sans aucun danger, et un véritable intérêt politique commande de ne pas entraver cette manière de faire à laquelle l'action judiciaire ne pourrait pas suppléer ; elle ne présente pas la même facilité de procédure et exige des dépenses qui n'existent pas devant le Conseil d'Etat où le recours s'instruit, d'après l'art. 1er du décret du 2 novembre 1864, sans autres frais que les droits de timbre et d'enregistrement. De plus, le recours fait disparaître l'acte illégal tandis que l'action intentée devant un tribunal ne fait pas obstacle à ce que le même acte soit opposé aux citoyens qui n'ont pas pris le parti de résister. Enfin l'option entre deux actions n'a rien de contraire aux principes généraux du droit. Ainsi l'individu lésé par un fait délectueux peut poursuivre la réparation qui lui est due accessoirement à l'action publique ou introduire séparément son action devant le tribunal. (C. instr. crim., art. 3).

Nous ne pouvons mieux faire enfin que de rapporter les paroles prononcées par M. Aucoc, commissaire du gouvernement dans un recours pour excès de pouvoir porté devant le Conseil d'Etat, le 13 mars 1867.

Après avoir rappelé la définition de l'excès de pouvoir admise par la Cour de cassation ; empiètement sur les fonctions de l'administrateur ou sur le rôle du législateur, M. Aucoc s'exprime ainsi :

« La législation administrative a un caractère « qui n'est pas assez remarqué par ceux qui la « critiquent. Devant la justice civile, les appels, « les recours en cassation ne sont pas vus avec fa- « veur. La loi multiplie les frais, les amendes « pour les écarter. Devant la juridiction adminis- « trative, les recours sont facilités et presque pro- « voqués. Les frais sont souvent réduits au droit « de timbre. Dans quelques cas même, ils sont « complètement supprimés. Ils sont en réalité « très minimes pour les recours en matière de « contributions directes, d'élections et pour les « recours fondés sur un excès de pouvoir.

« Pourquoi le législateur a-t-il donné ces faci- « lités ? Parce que dans les matières portées devant « la juridiction administrative, la lutte n'est pas « ordinairement entre deux particuliers ; elle est « entre un citoyen et l'administration représen- « tant l'intérêt général. Le législateur a donc atta- « ché une grande importance à ce que le gouver- « nement dans la personne de son chef lui-même, « éclairé par le Conseil d'Etat, put recevoir les « plaintes de tous les citoyens dont les droits au- « raient été lésés par les actes de ses agents locaux « et put ainsi se décharger de la responsabilité « qui péserait sur lui. Il n'y avait plus à distin-

« guer ici entre les petits et les grands intérêts. « Les griefs les plus minimes peuvent en se mul- « tipliant causer de graves mécontentements. Il « fallait donc que cette sorte de soupape de sû- « reté fut toujours ouverte. »

Ces réflexions sont toujours vraies, car en ne maintenant pas l'ancienne tradition d'après laquelle le Conseil d'Etat comme l'ancien conseil du roi n'était que l'organe de la justice retenue, la loi de 1872 n'a fait que supprimer en fait une fiction qu'elle a remplacé par une disposition conforme à la réalité.

On a cependant essayé de justifier l'arrêt de 1876 : Il s'agit, dit-on, d'ateliers insalubres, et on trouve sans sortir du texte et de l'esprit de la législation spéciale sur la matière une raison de décider. Le décret de 1810 a organisé une procédure très-compliquée. L'intérêt des tiers ou pour parler plus exactement l'intérêt général a conduit le législateur à soumettre toute une catégorie d'industries à des entraves qui pèsent sur leur création comme sur leur fonctionnement. On est en présence de dérogations nécessaires au principe de la liberté du commerce et de l'industrie. Toutes les précautions ont été largement prises par le décret de 1810, mais elles ne peuvent être augmentées par une jurisprudence trop facile.

L'art. 7, prévoyant le cas où des tiers jugeraient utile de faire opposition à la création d'un atelier dangereux, insalubre ou incommode leur ouvre une voie de recours parfaitement définie devant le Conseil de préfecture et en appel devant le Conseil d'Etat. Dans ce même décret, le législateur admet pour différents cas les recours directs devant le Conseil d'Etat. L'antithèse est évidente, elle résulte du rapprochement fait à la fin de l'article 7. « C'est le préfet qui statuera sur la demande d'autorisation sauf le recours au Conseil d'Etat pour toutes parties intéressées : s'il y a opposition il y sera statué par le Conseil de préfecture, sauf le recours au Conseil d'Etat. » Le décret ne détermine pas limitativement les motifs d'opposition à l'arrêté d'autorisation, et il ne distingue pas entre les oppositions fondées sur l'inobservation des formes et celles tirées des inconvénients qui résulteraient de l'autorisation. Les règles de compétence en ce qui touche les autorisations sont donc très précises. D'ailleurs si l'on se reporte à l'arrêté du 6 mai 1853, on peut se demander quelle utilité peut présenter le recours direct pour excès de pouvoir, quelle lacune il peut combler, et on peut presque dire qu'il dépasserait la pensée et le but du législateur de 1810; dans l'arrêt du 14 janvier 1876, l'opposition pouvait être portée devant le Conseil de préfecture, les droits étaient complétement sauvegardés puisqu'à défaut du recours direct on serait venu en appel devant le Conseil d'Etat.

Malgré ces réflexions, nous pensons que le recours direct pour excès de pouvoir devant le Conseil d'Etat devrait toujours être admis; il y a en effet intérêt pour tous les citoyens à pouvoir porter leurs plaintes devant une autorité qui peut les écouter et y faire droit.

L'art. 7 du décret de 1810 règle bien l'ordre des juridictions, mais il n'impartit aux intéressés aucun délai pour réclamer devant le Conseil de préfecture contre les arrêtés d'autorisation. Cette lacune place le fabricant dans une position fort singulière puisqu'il ne saurait être certain qu'après avoir triomphé d'une ou de plusieurs oppositions, son exploitation pourra être établie avec sécurité, car le Conseil de préfecture a le droit de lui retirer son autorisation, même en dénonçant aux voisins son autorisation de leur fixer un délai au-delà duquel ils ne seraient plus recevables à porter leurs oppositions devant le Conseil; car s'il les assigne, ils peuvent faire défaut et soutenir longtemps après qu'ils ont la faculté de se présenter pour faire juger contradictoirement leurs prétentions et réclamer la suppression de l'établissement; en second lieu, s'il n'a point été fait d'opposition dans le procès-verbal d'enquête, l'impétrant ne peut signifier à personne son autorisation et il reste longtemps ainsi en quelque sorte à la merci de ses voisins. Il est facile de prévoir les graves inconvénients qui peuvent résulter de cet état de choses surtout lorsque des capitaux considérables sont engagés dans une industrie.

M. de Serrigny (*Compétence administrative*, tome III) pense que « le Conseil de préfecture a le « droit de déclarer non-recevables les propriétaires « voisins qui ont vu construire l'atelier ou la ma« nufacture et qui n'ont présenté leurs opposi« tions ou renouvelé celle formée devant le préfet « et le sous-préfet qu'après la construction des « travaux. On devrait appliquer cette maxime de « droit et de raison : *Qui videt et patitur tacitè « consentire videtur*. On peut encore argumenter « par induction de la pratique judiciaire : devant « les tribunaux ordinaires, l'opposition est rece« vable jusqu'à l'exécution et pas au-delà ; or ici, « les voisins sont censés avoir été parties dans « l'instruction puisqu'on les a appelés à présenter « leurs moyens dans l'information *de commodo et « incommodo*. S'ils ne l'ont pas fait, ils sont déjà en « faute d'avoir tardé si longtemps. Si après l'arrêté « du préfet, ils ont encore gardé le silence et souf« fert la construction de l'établissement, on ne « doit plus écouter leurs moyens d'opposition, « pas plus qu'on n'écoute le défaillant judiciaire « qui a souffert l'exécution du jugement qui le « condamne. »

Frappé de ces considérations que l'industrie a besoin de sécurité, et que le fabricant ne peut être éternellement à la merci de tous, la jurisprudence du Conseil d'Etat a jugé que si la loi n'a fixé aucun délai, il existe au moins un certain délai moral, certaines circonstances après lesquelles l'opposition n'est plus recevable, et que dans ce cas, ce n'est plus l'art. 7 du décret du 15 octobre 1810 qui est applicable, mais bien l'art. 12 qui permet de prononcer la suppression de l'établissement par un décret rendu en Conseil d'Etat, si cet établissement présente de graves inconvénients pour la salubrité publique, la culture ou l'intérêt général (Conseil d'Etat, 11 mai 1862, commune de Puteaux).

Le conseil de préfecture est également compétent pour statuer sur les réclamations relatives aux établissements de troisième classe. « S'il s'élève des réclamations dit l'art. 8 du décret du 15 octobre 1810, contre une décision prise sur une demande en formation de manufacture ou d'atelier compris dans la troisième classe elles seront jugées en conseil de préfecture. » Cette disposition attribue à ce conseil toutes les réclamations, celles qui seraient formées, par le demandeur en autorisation en cas de refus ou, en cas de modifications par lui demandées aux conditions imposées, et celles qui viendraient des opposants en cas de permission accordée, que la décision ait été prise par le sous-préfet ou par le préfet dans l'arrondissement chef-lieu.

On a là une dérogation expresse au principe d'après lequel c'est au préfet à connaître des recours contre les mesures émanées du sous-préfet et au ministre à prononcer sur le maintien des arrêtés préfectoraux. Mais comme les arrêtés des conseils de préfecture en matière contentieuse ne sont que des décisions de premier ressort, les arrêtés pris en cette matière pourront être attaqués en appel, devant le Conseil d'État, et on ne pourrait aller directement devant cette juridiction sans avoir passé d'abord par le conseil de préfecture. (C. d'État, 20 juillet 1867, de Rancé, *Résolut. implicite*).

Remarquons en terminant que pour des oppositions faites à l'exploitation d'un établissement antérieur à 1810, soit parce qu'il serait incommode, insalubre ou dangereux pour le voisinage, soit parce qu'il aurait été transféré dans un emplacement autre que celui qu'il occupait à cette époque, soit parce qu'il aurait interrompu ses travaux pendant plus de 6 mois, le conseil de préfecture serait compétent (C. d'État, 20 juillet 1867), et qu'il appartient à l'administration de prendre vis-à-vis de cet établissement les mesures qu'elle juge convenables.

Section V.

Surveillance de l'administration. — Révocation de l'autorisation pour inexécution des conditions.— Droit de suppression par décret.

L'autorité administrative ne doit pas se borner à statuer sur l'autorisation des établissements que leur nature soumet à cette formalité ; son intervention est aussi indispensable pendant la durée de l'exploitation. Les établissements classés ou non classés sont soumis à sa surveillance. Pour les premiers, la loi doit veiller à ce que les fabricants se renferment dans les termes de l'autorisation qui leur a été accordée; elle doit s'assurer qu'ils ne s'écartent pas des prescriptions générales qui ont été édictées dans un but de sécurité et de salubrité ; elle doit enfin s'enquérir par des investigations et des vérifications fréquentes qu'il ne se produit pas des inconvénients que l'exploitation de l'atelier est venu révéler, et qu'il ne lui avait pas été possible de prévoir au moment de l'autorisation.

Toutes ces vérifications et constatations peuvent être faites par les maires en vertu des lois des 16-24 août 1870 et juillet 1837, et par les commissaires de police, article 11 du Code d'instruction criminelle.

A Paris, et dans le ressort de la Préfecture de police, il existe, sous le nom d'inspecteurs classés, un service de préposés spécialement chargés de cette mission de surveillance.

Les infractions sont constatées par des procès-verbaux ou des rapports qui sont déférés aux tribunaux.

Le droit de l'administration ne se borne pas à surveiller et à faire constater les infractions commises par les fabricants ou les commerçants, et les dangers résultant de l'exploitation de leur industrie, son droit n'est pas épuisé par là, et elle peut encore prendre ses mesures, sinon pour punir, du moins pour mettre un terme à ces infractions ou à ces dangers par la révocation de l'autorisation, par la suppression des établissements dangereux ou par leur suspension.

Le droit de révocation d'autoriser pour cause d'inexécution des conditions imposées dans l'acte d'autorisation dérive de cette espèce de contrat qui se forme entre le fabricant demandeur en autorisation et l'administration qui l'accorde; le contrat est résoluble lorsque l'une des parties n'exécute pas les engagements convenus (art. 1184). La suppression suite de la révocation ne consiste pas dans la démolition même des constructions ou des appareils dont l'ensemble forme l'établissement industriel, mais simplement dans la défense d'employer ces appareils à l'usage auquel ils avaient été jusqu'alors destinés. La suppression n'entraînerait la démolition qu'au cas où la construction même constituerait la contravention; ainsi sous l'empire de l'ordonnance royale du 22 mai 1843 concernant les machines à vapeur, la suppression devait entraîner le déplacement de la machine puisque l'autorisation indiquait le lieu et l'emplacement où elles devaient être établies, ainsi encore atelier insalubre établi sur un cours d'eau, l'art. 1 reproduisant l'art. 42 du titre 28 de l'ordonnance d'août 1669, de l'arrêt du conseil du 24 juin 1777 défend à peine de mille livres d'amende et de démolition des dits ouvrages d'établir une construction quelconque sur et le long des rivières et canaux navigables.

La suppression est prononcée comme pénalité ou par mesure de sûreté publique; comme pénalité, ce sera la conséquence du retrait de l'autorisation motivée par suite d'inexécution des conditions, ou pour changement dans la nature de l'industrie, ou parce que l'industriel n'aura pas profité dans le délai de 6 mois de la permission qui lui a été accordée.

La suppression est une mesure rigoureuse qui atteint la fortune des particuliers et l'intérêt de l'industrie; elle ne doit donc pas être prononcée sans les motifs les plus graves; aussi l'administration doit-elle rechercher avant tout si elle ne peut pas satisfaire aux besoins généraux de la société par des voies moins sévères ; il semble juste et raisonnable qu'elle ne puisse être prononcée que s'il y a de la part de l'industriel un parti pris évident et constaté de se mettre en contravention avec les réglements et de braver l'autorité. Jusque-là une simple injonction, une mise en demeure d'avoir à régulariser sa situation, la poursuite devant les tribunaux, la suspension enfin seront dans le plus grand nombre des avertissements plus que suffisants d'avoir à rentrer dans la voie tracée par les règlements.

Quelle est l'autorité compétente pour prononcer ainsi la suppression d'un établissement irrégulièrement exploité ? M. Macarel (Droit administratif tome IV), dit que la jurisprudence a admis que les conseils de préfecture peuvent être saisis des réclamations auxquelles donne lieu l'inexécution des conditions imposées. A l'appui de cette opinion, il cite deux ordonnances des 3 février et 31 mars 1819, et il ajoute qu'il convient en effet que le fabricant soit régulièrement admis à prouver qu'il n'a pas commis l'infraction qu'on lui reproche.

M. Clérault (*Etablissements dangereux*, nº 96), pense qu'il n'appartient qu'au conseil d'État saisi par la voie administrative de prononcer la suppression des établissements de première classe et que « les demandes en suppression d'un établissement de deuxième classe sont du ressort du préfet et que ce magistrat peut ou y faire droit lui-même administrativement, ou renvoyer les parties devant le conseil de préfecture pour être statué sur le litige. »

Il nous semble plus conforme aux principes d'admettre avec divers auteurs et la jurisprudence que cette mesure répond à un intérêt d'administration. L'intérêt pris à cet effet ne soulève jamais qu'une question distincte, indépendante de celles réservées aux autorités appelées à prononcer sur les demandes d'autorisation ou sur les oppositions qu'elles peuvent rencontrer. La décision ne porte pas sur des faits dont les demandes d'autorisation font l'objet; elle oblige l'industriel à se munir d'une permission, ou à observer les conditions imposées dans l'acte d'autorisation; la décision fait l'application de l'arrêté; c'est donc bien une mesure administrative, et, à ce titre, elle doit émaner de l'autorité, qui, ayant émis l'acte d'autorisation, est naturellement appelée à veiller à son exécution. C'est l'application de la règle : « Nihil tam naturale est, quam, eo genere quid-« que dissolvere, quo colligatum est. » (Dig. L. 35 L. 50. Tit. 17. *De reg. juris*).

N'est-ce pas d'ailleurs le préfet qui est chargé de veiller au maintien de la salubrité et de la sûreté dans le département ? (loi du 22 décembre 1789, section III, article II).

En dehors de la règle précédente, le préfet puiserait dans cette loi le pouvoir de police qu'il a pour assurer la salubrité; c'est même uniquement en vertu de ces principes généraux qu'il pourra suspendre un établissement antérieur à 1810 pour changement dans la nature de l'industrie ou pour interruption de plus de six mois. Le conseil de préfecture serait incompétent. (Conseil d'Etat, 20 juillet 1867).

Si donc des tiers se plaignent de ce qu'un industriel exploite son industrie dans un local autre que celui qui lui a été désigné, ou qu'il ne se conforme pas aux prescriptions de l'arrêt d'autorisation, soit en changeant la nature de l'industrie, soit en n'exécutant pas les conditions imposées pour obvier aux inconvénients dont les voisins auraient à souffrir, c'est au préfet qu'ils devront s'adresser; ils ne forment pas en effet opposition à l'arrêté d'autorisation ils en demandent au contraire l'exécution, et c'est là une mesure de police administrative. (Conseil d'Etat).

Mais lorsqu'un établissement destiné à pourvoir à un service public a été créé par une ordonnance royale, en dehors des conditions prescrites par le décret de 1810 et l'ordonnance de 1815, c'est au gouvernement seul qu'il appartient de statuer sur les demandes de suppression ou de modification, sans qu'il y ait également de recours ouvert par la voie contentieuse. C'est ce que le Conseil d'Etat a décidé par arrêt du 2 avril 1870 au sujet de la voirie de Bondy qui avait été créée en vertu d'une ordonnance royale du 9 juin 1817.

Ce n'est pas seulement lorsque les établissements sont exploités d'une manière non conforme aux conditions qui ont été mises à leur formation qu'ils peuvent être supprimés; malgré l'enquête et les renseignements qu'elle a recueillis, l'administration a pu n'imposer que des précautions insuffisantes, les mesures provisoires qu'elle peut prescrire peuvent ne pas suffire pour sauvegarder l'intérêt public; cela arrivera si les inconvénients ne sont pas purement accidentels et passagers, s'ils sont permanents ou périodiques; il peut y avoir lieu dans ce cas à rapporter l'autorisation; l'art. 12 du décret du 15 octobre 1810 porte en effet « toutefois qu'en cas de graves inconvénients pour la salubrité publique, la culture, ou l'intérêt général, les fabriques ou ateliers de première classe pourront être supprimés en vertu d'un décret rendu en Conseil d'État après avoir entendu la police locale, pris l'avis des préfets, reçu la défense des manufacturiers ou fabricants. »

Cet article ne désigne que les établissements de première classe, antérieurs au décret de 1810 et on en a voulu conclure que le droit de suppression les atteignait exclusivement et ne pouvait être exercé vis-à-vis les établissements de cette même classe postérieurs au décret de 1810. Pour les établissements antérieurs au décret, disait-on, le droit de suppression se justifie par le fait que leur création n'a pas été précédée des formalités propres à garantir les intérêts des tiers et il ne serait pas rationnel de l'étendre à des ateliers qui ne peuvent être ouverts qu'en vertu d'une permission délivrée par l'administration et seulement après l'accomplissement de nombreuses formalités. Mais la jurisprudence n'a jamais souscrit à ce système, elle a considéré avec raison que cette disposition de l'article 12 n'est autre chose que l'application à une hypothèse particulière d'un principe général d'ordre public qui, ne serait-il pas écrit dans la législation spéciale aux établissements dangereux, insalubres et incommodes, n'en dominerait pas moins la matière. En effet, quand l'administration usant de son droit de police accorde une autorisation à une industrie offensive de sa nature, elle ne peut le faire que sous la réserve des intérêts sociaux qu'elle a mission de sauvegarder et qui sont d'ailleurs inaliénables et imprescriptibles. Or, il n'est point d'intérêt social plus considérable, plus respectable que celui qui se rattache à la sûreté et à la salubrité publique. Cet intérêt domine donc constamment l'existence d'une fabrique classée même après son autorisation.

Mais cette mesure rentre dans les attributions souveraines de l'administration qui seule est juge de la nécessité des actes qui peuvent garantir la salubrité publique. (Conseil d'Etat, 5 janv. 1850).

Toutefois il faut remarquer que, si les formalités légales prescrites par l'art. 12 (Avis de police locale et des préfets, défense des fabricants) n'avaient pas été observées, le recours serait recevable; dans ce cas d'ailleurs le Conseil d'Etat annule dans la forme l'acte qui lui est déféré sans en apprécier la valeur quant au fond; il renvoie à l'administration en lui laissant le soin de se prononcer après une instruction plus régulière.

Le décret de 1852 qui attribue aux préfets le droit d'autoriser, ne parle pas du droit de suppression; c'est qu'en effet la modification n'a porté que sur le pouvoir de permettre. Il y a du reste une raison décisive pour ne pas étendre le pouvoir du préfet au droit d'ordonner la suppression. Supprimer une manufacture qui existe déjà en détruisant une position acquise est en effet une mesure autrement grave que de refuser l'autorisation pour former un établissement nouveau. On comprend donc que le décret de décentralisation n'ait pas transféré aux préfets le pouvoir de supprimer. C'est d'ailleurs ce qu'a reconnu une circulaire ministérielle du 15 octobre 1852.

« Le premier point, y est-il dit, sur lequel j'appellerai votre attention parce qu'il a déjà été l'objet d'une interprétation erronée, c'est le cas où il s'agit de la suppression d'un établissement par application de l'art. 12 du décret du 15 octobre 1810. Les affaires de ce genre doivent être instruites comme elles l'étaient antérieurement au décret du 25 mars 1852 et soumises ensuite à l'administration supérieure qui ne statuera qu'après avoir pris l'avis du Conseil d'État. Les motifs du décret du 25 mars ne sauraient en effet s'appliquer à des instances qui, se présentant en général très-rarement n'offrent pas un caractère d'urgence et peuvent entraîner une sorte d'expropriation. »

L'art. 12 étant spécial aux ateliers de première classe en faut-il conclure que l'administration ne pourra jamais supprimer un établissement de deuxième ou de troisième classe pour cause de graves inconvénients, ne peut-on pas dire en effet par argument *a contrario*, que l'art. 12 ne visant que les établissements de première classe laisse de côté par là même les autres établissements. *Qui docet de uno, negat de altero.* On peut ajouter encore que le législateur a pensé que les établissements compris dans les autres catégories ne peuvent jamais présenter d'assez graves inconvénients pour qu'il soit nécessaire de revenir sur l'autorisation accordée. Mais malgré ces arguments nous pensons que l'administration aurait le droit de suppression même des ateliers de deuxième et troisième classe en cas de graves inconvénients pour la salubrité publique, la culture ou l'intérêt général. Mais n'est-il pas de l'essence même du pouvoir de police de ne jamais engager l'avenir, et dans la matière qui nous occupe c'est en vertu de son pouvoir de police que l'administration procède soit en accordant une autorisation soit en la révoquant. Mais aucune autre raison ne pourra faire retirer l'autorisation même dans l'intérêt financier de l'État, c'est ce qu'a décidé le Conseil d'État le 26 novembre 1875 (Aff. Laumonnier Carriol). Il y avait en effet là un excès de pouvoir résultant d'user des pouvoirs de police conférés au préfet dans un but déterminé pour satisfaire un intérêt d'ordre différent, *(Aucoc Confer)*. La question se présente à la suite des faits suivants. La loi du 2 août 1872 établit le monopole de la fabrication des allumettes, et prononçait l'expropriation des fabriques actuellement existantes. Le ministre des finances ne fit régler par le jury d'expropriation que les indemnités des industriels dont les usines avaient une existence légale incontestée. Quant aux autres dont les autorisations limitées à une certaine durée n'avaient pas été renouvelées, il pensa qu'elles n'avaient pas droit à une indemnité, que si au moment de la loi, elles avaient une existence de fait, elles n'avaient pas d'existence légale, en conséquence il ne fit faire à ces dernières que des offres gracieuses sans vouloir faire régler l'indemnité par le jury. Ces offres furent refusées. Le ministre voulut alors faire prononcer judiciairement la fermeture de ces fabriques, mais, disait-il aux préfets, pour éviter les retards qu'entraînerait la solution de cette question, il serait nécessaire d'établir par un arrêté l'existence illégale de ces usines et de les faire fermer sous prétexte de défaut d'autorisation en ayant soin, ajoutait le ministre, de ne viser que les lois relatives aux établissements insalubres et de s'abstenir de mentionner la loi du 2 août 1872. C'est dans ces conditions que les arrêtés pris par les préfets d'après ces instructions furent annulés pour excès de pouvoir.

La suppression est-elle prononcée avec ou sans indemnité? Pour soutenir le droit à indemnité, on fait valoir que la suppression est le sacrifice d'une propriété privée et que l'intérêt général ne peut exiger, sans une réparation, que ce sacrifice soit accompli. Mais il ne faut pas confondre cette mesure avec l'expropriation pour cause d'utilité publique. L'expropriation intervient quand il s'agit de procurer à la société un gain, un profit ; il ne serait pas équitable que le pays s'enrichît aux dépens des particuliers dépossédés par le sacrifice d'une propriété utile ou tout au moins inoffensive. Mais la situation n'est plus la même lorsque la sureté, la salubrité publique rendent nécessaire la suppression d'un établissement. Ici l'on ne veut pas avantager la société ; on veut simplement lui éviter un péril, un danger. De même que l'on n'a pas le droit de tenir des animaux malfaisants, on n'a pas celui d'avoir des propriétés malsaines qui portent une atteinte directe à la salubrité. Lorsque l'administration prescrit la démolition d'un bâtiment qui menace ruine, ou l'abatage d'animaux atteints de maladies contagieuses, aucune indemnité n'est accordée aux propriétaires. La situation est la même ici, c'est une mesure conservatoire prescrite pour écarter des fléaux. L'administration n'a pu donner un droit absolu, elle ne peut permettre à un particulier de jouir de sa chose d'une manière contraire à la santé publique. L'art. 12, d'ailleurs, ne réserve aucun droit à une indemnité ; et, d'un autre côté, on peut ajouter qu'aucune indemnité n'est due pour le préjudice souffert par suite de l'exécution des mesures de police.

Disons enfin que les demandes en suppression ne sont pas introduites par la voie contentieuse. La voie administrative seule doit être employée ; elle est d'ailleurs motivée toujours par la sûreté publique, et on doit entendre la police locale, prendre l'avis des préfets ; elle constitue donc un acte de pure administration.

Le pouvoir conféré à l'administation supérieure d'autoriser la formation des établissements dangereux, insalubres ou incommodes et d'en déterminer les conditions d'existence, le mode d'exploitation et le régime intérieur n'est pas exclusif du droit général de police confié à l'autorité municipale.

Une de ses attributions est d'abord de veiller à

l'observation des décrets de 1810 et de l'ordonnance de 1815, et à l'accomplissement des conditions introduites par l'administration, en vertu de ces règlements, dans les autorisations qu'elle accorde. C'est en effet un premier devoir des maires aux termes des art. 9 et 10 de la loi du 18 juillet 1837, de procurer l'exécution des lois, des règlements et des décisions prises par l'autorité dont ils sont les délégués : outre ce dernier qui lui est personnel, le maire peut être chargé spécialement par l'autorité de constater une contravention ; il doit, dans ce cas, déférer à cet ordre sans pouvoir seul déléguer à un commissaire de police la mission qui lui est confiée ; il n'agit pas là en effet dans un intérêt de police municipale, mais dans un intérêt d'ordre plus élevé et comme délégué de l'autorité supérieure.

Un maire peut, à notre avis, ordonner la suspension d'un établissement qui, étant classé, se serait ouvert sans autorisation ; il doit veiller à l'exécution des conditions imposées dans l'acte d'autorisation, conditions qu'il est toujours appelé à connaître, car aux termes d'une circulaire du ministre de l'agriculture du 11 mai 1863, tout acte d'autorisation d'établissement insalubre ou incommode doit être déposé en copie aux archives de la commune de la situation ; il doit, de plus, en être donné communication à toute personne intéressée qui en fait la demande.

Le maire doit non-seulement veiller à la stricte exécution du décret, il peut encore assujettir les propriétaires d'établissement à observer les mesures qu'il a le droit de prendre en vertu de la loi du 16-24 août 1790, c'est-à-dire assurer la salubrité de la voie publique et de ses dépendances, et, par suite, imposer aux industriels l'observation des prescriptions générales des règlements de la commune et même des prescriptions spéciales à leur établissement (Cassat., 1er août 1862), pourvu toutefois que ces prescriptions ne rendent pas l'exploitation impossible; mais l'autorité municipale ne peut s'immiscer dans les questions qui sont, par les règlements, réservés à l'autorité supérieure, ainsi elle ne pourrait imposer des conditions d'emplacement, ni des conditions d'exercice ou de fonctionnement (Cassat., 19 janvier 1857), imposer des prescriptions contraires à celles de l'acte d'autorisation, par exemple, empêcher un usinier de déverser les eaux sales dans un ruisseau alors qu'il y était autorisé par l'arrêté du préfet (Cass., 1er juin 1855), ou ordonner la fermeture d'un établissement sous prétexte qu'il y a danger d'incendie pour les voisins (Cass., 23 nov. 1850).

Dans ces différents cas, c'est-à-dire quand l'autorité municipale peut croire qu'il y a lieu de changer les conditions supplémentaires, elle doit s'adresser à l'autorité supérieure qui seule a le droit de modifier ce qu'elle avait antérieurement prescrit.

Cette doctrine, ce nous semble, se concilie parfaitement avec ce que nous avons dit sur les établissements non classés ni de nature à l'être. Ils ne sont pas plus que les établissements classés dispensés de la surveillance administrative, mais le maire n'est pas juge ni de l'emplacement où s'exerce l'industrie, ni des conditions essentielles de l'exercice; or ce sont précisément ces deux éléments que le décret de 1810 et l'ordonnance de 1815 ont eu en vue dans le classement des industries dangereuses ou incommodes. On peut donc dire que tous les établissements classés ou non sont soumis au pouvoir municipal, dans les mêmes conditions.

CHAPITRE II.

COMPÉTENCE JUDICIAIRE.

Section Première.

Juridiction répressive.

S'il était nécessaire de préserver le public de tous accidents, de tous dangers, et d'assurer la salubrité et la commodité des lieux habités et fréquentés, il ne l'était pas moins de donner aux lois et règlements une sanction qui les rendit forts et respectables.

C'est à cette nécessité que répond l'intervention des tribunaux repressifs, intervention fondée sur l'art. 471, n° 15, du Code pénal qui punit d'amende depuis un franc jusqu'à cinq francs inclusivement ceux qui auront contrevenu aux règlements légalement faits par l'autorité administrative et ceux qui ne se seront pas conformés aux arrêtés publiés par l'autorité municipale en vertu des art. 3 et 4, titre XI, de la loi des 16-24 août 1790 et de l'art. 46, titre Ier, de la loi du 19-22 juillet 1791.

Or, le décret du 15 octobre 1810, l'ordonnance du 14 janvier 1815 et les ordonnances de classement sont évidemment empreints du caractère de règlements et les arrêtés que les divers fonctionnaires de l'ordre administratif ont à prendre pour leur exécution participent de la nature des dispositions générales dont ils sont destinés à procurer l'application.

C'est ainsi qu'il y a contravention dans le fait de former sans autorisation un établissement compris dans les nomenclatures, — ou de mettre un établissement en exploitation malgré un refus d'autorisation ou malgré un arrêté de suppression ou de suspension, — dans le fait de transporter sans autorisation ou malgré un refus un établissement classé, — ou dans le fait de ne pas se conformer aux conditions stipulées dans l'acte d'autorisation.

L'art. 471, § 15, dit : les règlements légalement faits, c'est qu'en effet « les tribunaux ne doivent « pas se borner à examiner si les contraventions « qui leur sont déférées sont flagrantes ; ils doivent « encore examiner si l'arrêté dont l'infraction leur « est dénoncée n'a point excédé les limites du pou- « voir administratif ou municipal. Ce droit d'exa- « men est inhérent au pouvoir judiciaire, mais « le juge de police ne peut se rendre juge de l'uti- « lité, de l'opportunité des mesures prises par « l'autorité administrative. Pouvoirs indépen-

« dants l'un de l'autre, le tribunal de police et le « maire ne peuvent contrôler leurs actes, le pre- « mier seulement doit refuser le concours de la « justice toutes les fois que les actes du maire « sortent de ses attributions ou sont contraires « aux lois. » (Théorie du Code pénal, tome VI, p. 404.)

La légalité de l'acte émané de l'autorité préposée à la police des établissements dangereux ou insalubres étant reconnue, le juge n'a plus qu'à l'appliquer, mais il peut arriver qu'il y ait difficulté sur le sens et sur la portée de l'acte administratif, le juge dans ce cas ne doit point statuer et doit surseoir jusqu'à ce que l'interprétation de l'acte administratif ait été donnée par l'autorité administrative compétente. Aussi lorsqu'il s'agit d'un établissement autorisé et que la contravention consiste dans une exploitation qui s'écarte des conditions de l'autorisation, si le fabricant déclare qu'il est resté dans les limites de son autorisation et que cette autorisation lui accorde le droit de faire ce qu'il a fait, la discussion porte alors sur le sens et sur l'étendue de l'acte d'autorisation, et c'est l'autorité administrative qui doit résoudre cette difficulté. (Conseil d'État 12 avril 1844).

Un fabricant peut aussi être poursuivi pour avoir exploité un établissement sans autorisation et soutenir que son établissement n'est rangé dans aucune des trois classes de la nomenclature, ou qu'il n'est pas soumis à l'autorisation. Il ne s'agit plus là d'interpréter un acte administratif particulier. La question est simplement d'interpréter et d'appliquer un règlement général et dans ce cas le droit et le devoir du juge est d'apprécier le moyen de défense sans renvoyer à l'autorité administrative.

En serait-il de même si le fabricant opposait que la création de son établissement remonte au-delà de 1810, et se retranchait ainsi à l'abri de l'exception consacrée par l'art. 11 du décret, ou s'il s'agissait de savoir si un établissement originairement autorisé a ou non perdu, aux termes de l'art. 13 du décret, le bénéfice de l'autorisation par une interruption de six mois dans les travaux ?

Il semble, au premier abord, que dans les deux cas le débat ne porterait que sur un point de fait à vérifier et constater dans ses rapports aucune disposition précise du décret de 1810 et que rien dans cette vérification et cette constation n'excéderait la compétence du juge chargé d'appliquer le décret. Pour quel motif renverrait-on à l'administration l'examen de la question d'antériorité? il ne s'agit pas d'interpréter un acte administratif; il ne s'agit pas de statuer, malgré les termes d'un arrêté administratif de suspension, d'interdiction ou même d'autorisation, puisqu'il n'en existe pas; il s'agit uniquement de la constatation matérielle d'un fait, ou plutôt de la date qui déterminera l'existence de la contravention ou son absence. La Cour de cassation avait jugé d'abord conformément à ce principe le 14 février 1839. Le moyen de défense, disait-elle, ne présentait pas l'examen d'un acte émané de l'autorité administrative, mais une exception fondée sur un droit résultant d'un fait, qu'il appartenait d'apprécier au juge de l'action.

Mais, la Cour suprême est revenue sur cette jurisprudence et a toujours déclaré depuis que « tout ce qui concerne l'établissement, la conservation ou la suppression des ateliers ou manufactures qui répandent une odeur insalubre et incommode appartenant aux termes du décret de 1810 et de l'ordonnance de 1815 à l'autorité administrative, il suit de ce principe que si un prévenu poursuivi pour avoir illégalement exploité un établissement de cette espèce soutient qu'il a une autorisation soit expresse en vertu de l'art. 1er du décret soit tacite en vertu de l'art. 11, les tribunaux ne peuvent décider cette question préjudicielle et doivent, dès lors surseoir à prononcer jusqu'à ce que l'autorité administrative l'ait résolue ». Cass., 2 janvier 1879.

La Cour de cassation a considéré que les règlements de 1810 et de 1815 avaient eu pour effet de constituer l'autorité administrative maîtresse absolue de permettre, autoriser ou interdire l'exploitation des établissements dont il s'agit, et elle s'est fait un devoir de défendre aux tribunaux de connaître de toute question dont la solution pouvait être de nature à préjuger et par suite à gêner l'exercice du droit d'autorisation. Dès qu'il est déclaré et constaté par le juge qu'un établissement rentre dans la nomenclature des ateliers classés, ou qu'il a été régulièrement assimilé, le débat, dans tout ce qui a trait à la question de savoir s'il y a eu autorisation ou si le fabricant était dans les conditions voulues pour en être dispensé est de la compétence exclusive de l'autorité appelée à statuer sur les demandes d'autorisation.

La peine à prononcer est celle déterminée par l'art. 471 du Code pénal.

L'art. 474 prononce l'emprisonnement pendant trois jours au plus en cas de récidive.

Le juge, d'ailleurs, doit condamner du moment que la contravention existe, or il y a, de ce chef, contravention dès qu'on se livre à des opérations qui ne peuvent avoir lieu que dans des établissements autorisés. (Cassat. 19 novembre 1857). Le recours au Conseil d'État contre un arrêté de refus ne peut non plus avoir aucun effet sur le jugement de la contravention et le juge n'a pas à rechercher si les prescriptions administratives présentent des difficultés d'application, ni si l'établissement cause ou non un préjudice à la santé publique. (Cass. 26 janvier 1861).

Les règles de la prescription sont communes

à toutes les contraventions. La prescription sera donc acquise d'après l'art. 640 du Code d'Instruction criminelle, par une année révolue du jour où la contravention a été commise, mais il faut remarquer que chaque fait d'exploitation constitue une infraction toujours renouvelée, la contravention résulte, en effet, moins de la formation de l'existence de l'établissement non autorisé que de son exploitation, de sorte que la prescription peut ne pas être acquise pour un dernier fait d'exploitation alors qu'elle le serait pour les premiers.

Bien plus, alors même qu'un premier jugement passé en force de chose jugée, aurait déclaré n'y avoir lieu à condamnation, ce jugement ne serait pas un obstacle légal à de nouvelles poursuites si l'exploitation se continuait sur les mêmes errements.

Aux termes de l'art. 161 du Code d'Instruction criminelle, le tribunal prononce la peine et statue en même temps sur les dommages-intérêts. La jurisprudence attribue à l'interdiction de continuer l'exploitation, le caractère de réparation civile, et le juge de police ne peut s'abstenir de faire droit, sous ce rapport, aux conclusions du ministère public qui demande, dans un intérêt public, la cessation du fait constitutif de la contravention. (Cassat. 26 mars 1868).

Section II.

Juridiction civile.

Il arrive fréquemment que des propriétaires voisins des établissements dangereux insalubres ou incommodes croient avoir à se plaindre d'un préjudice qui leur serait causé par ces établissements, et que pour en obtenir la réparation, ils invoquent le bénéfice des art. 1382 et 1383 du Code civil qui rendent chacun responsable du dommage qu'il a causé non seulemeut par sa faute mais encore par sa négligence ou son imprudence. Si l'intérêt général en effet a paru exiger que certains établissements ne pussent être formés que sous le contrôle de l'administration, celle-ci n'a point mission de régler les droits et les intérêts privés. Déjà, d'ailleurs, dans les chartes de concessions d'eaux du domaine de la couronne ou dans les permissions seigneuriales de construire des moulins sur les rivières non navigables ni flottables se trouvent ordinairement cette clause : sauf notre droit en autre chose et le droit d'autrui en toute chose ; les concessions actuelles pour prise d'eau ou travaux hydrauliques ont également coutume de réserver le droit des tiers ; cette réserve dérive de la nature des choses. En cë qui concerne les établissements de la nature de ceux qui nous occupent ici, le droit de réclamer des dommages-intérêts, ne résulte-t-il pas des principes généraux rappelés plus haut, droit reconnu aux voisins par un texte formel, par l'art 11 du décret du 15 octobre 1810 qui s'exprime ainsi : « Les dispositions du présent décret n'auront point d'effet rétroactif ; en conséquence, tous les établissements qui sont aujourd'hui en activité, continueront à être exploités librement sauf les dommages dont pourront être passibles les entrepreneurs de ceux qui préjudicient aux propriétés de leurs voisins; les dommages seront arbitrés par les tribunaux. »

On a fait remarquer que les termes de l'art 11 s'appliquent exclusivement aux établissements dont la formation est antérieure à ce décret. On en a conclu qu'il fallait distinguer entre ces derniers et les établissements autorisés, ceux-ci ne pourraient jamais, par cela seul qu'ils sont autorisés et quelque préjudice qu'ils causent au voisinage, être l'occasion d'une action en dommages-intérêts. On s'est fondé pour soutenir cette thèse sur le fait même de l'autorisation, qui, arrivant à la suite de l'appréciation que l'autorité administrative aurait faite des dangers plus ou moins grands présentés par l'établissement, avait dès lors pour effet de légitimer l'exploitation de l'atelier à tous les points de vue, non seulement sous le rapport des inconvénients qu'elle offrirait pour la sûreté et la salubrité publiques, mais encore sous le rapport des inconvénients spéciaux que chaque héritage voisin aurait à en redouter ; d'où il résulterait que ces propriétaires voisins n'auraient aucun droit à une réparation quelconque.

M. Massé (Droit commercial dans ses rapports avec le droit des gens) limite le droit des voisins à demander la suppression à l'autorité administrative. Le droit des tribunaux s'arrête, dit-il, à la répression des infractions commises dans les règlements de police et contre les arrêtés qui prescrivent aux établissements des conditions particulières d'existence et il ajoute : « Ils ne peuvent notamment et sous prétexte qu'un établissement autorisé serait nuisible aux propriétés et aux habitants du voisinage allouer des indemnités ou des dommages-intérêts aux propriétaires de ces habitations, l'autorisation, en vertu de laquelle ces établissements existent en fait des propriétés qui comme toutes les propriétés, peuvent avoir leurs inconvénients, mais dont l'existence est protégée par les principes du droit commun. De même donc que chacun peut jouir d'une propriété ordinaire, mobilière ou immobilière de la manière la plus absolue, à la charge de n'en pas faire un usage prohibé par les lois et les règlements, de même aussi celui qui a une propriété industrielle telle qu'une manufacture ou une fabrique dont l'établissement a été autorisé sous certaines conditions réglementaires peut user de sa propriété dans la limite tracée par cette autorisation sans être exposé à l'action des tiers qui verraient dans cette exploitation une cause de préjudice. Il ne suffit pas, en effet, de causer préjudice à quelqu'un pour être tenu de l'indemniser, il faut de plus que ce préjudice soit la conséquence d'un fait illicite.

« Toutes les propriétés, ajoute encore l'auteur, sont grevées de servitudes naturelles au profit les unes des autres. L'obligation imposée à certains établissements d'être pourvus d'une autorisation préalable est une servitude qui grève la propriété industrielle dans l'intérêt de la propriété territoriale; l'obligation imposée à la propriété territoriale de supporter le voisinage de ces établissements lorsqu'ils sont autorisés est une servitude qui grève la propriété territoriale dans l'intérêt de la propriété industrielle. »

M. Massé a abandonné, dans la deuxième édition du Droit commercial, tome II, n° 889, l'opinion qu'il avait soutenue dans la première édition.

M. Duverger (*Revue étrangère et française de législation*, tome X) a également soutenu la première opinion : « Le droit de propriété, dit-il, consiste dans l'usage le plus absolu des choses. Toutefois, les lois et les règlements peuvent lui imposer des bornes; l'autorité administrative a spécialement reçu la mission de régler tout ce qui est relatif aux établissements industriels, de les classer, de fixer les lieux où ils peuvent se placer, de déterminer les procédés qu'ils doivent employer et les précautions qu'ils sont obligés de prendre. En conséquence, lorsqu'un établissement fonctionne en respectant les lois et les dispositions des règlements soit généraux, soit spéciaux, celui qui l'exploite ne franchit pas les limites assignées à l'exercice du droit de propriété. Personne ne peut donc réclamer la réparation du préjudice qu'il cause, car l'exercice d'un droit ne peut jamais donner naissance à une action en dommages-intérêts. Pour qu'un fait par lequel un propriétaire tire de sa chose l'utilité qu'elle est susceptible de produire soit condamnable, il faut qu'une loi ou règlement le prohibe. En cette matière surtout, ce qui n'est pas défendu est permis.

Ainsi l'industriel qui en exploitant son usine cause un dommage moral, tel que la dépréciation d'une propriété et un dommage matériel à ses voisins, a le droit de repousser leurs réclamations en disant : « Le fait qui vous est préjudiciable n'est pas une faute, car il n'est prohibé par aucune loi, aucun règlement, cela suffit à ma défense. En ce qui touche le dommage moral, j'ai une raison de plus à faire valoir ; non-seulement je ne suis en contradiction avec aucune disposition, mais encore j'ai une autorisation formelle. »

Mais ces raisons ne sauraient nous convaincre. Lorsque l'administration permet une exploitation industrielle, elle se prononce uniquement sous le rapport de l'utilité publique. C'est à ce point de vue qu'elle apprécie les avantages et les dangers qui peuvent résulter de l'exploitation dont il s'agit; sans doute, l'industriel qui exploite son fonds d'après le mode accepté par l'admiuistration se trouve en règle vis-à-vis de la société; mais il ne s'y trouve pas également vis-à-vis des particuliers dont les propriétés et les habitations environnent son établissement; car si l'usinier invoque l'article 544 du Code civil, aux termes duquel la propriété est le droit de jouir de sa chose de la manière la plus absolue, pourvu qu'on n'en fasse pas un usage prohibé par les lois ou les règlements, on peut répondre que le droit de propriété n'est défini et garanti par l'article 544 que vis-à-vis de l'Etat et de la cité; mais ici il n'y a pas à concilier le droit de propriété et l'ordre public. Le droit de propriété du fabricant vient se heurter contre le droit de propriété du voisin, et ce droit n'est ni plus ni moins étendu, et ne doit être ni plus ni moins respecté dans les mains de l'un que dans celles de l'autre.

La jurisprudence s'est toujours prononcée dans ce sens; voir notamment Cassation, 20 février 1849 et 26 mars 1873, 11 juin 1877.

On a aussi voulu distinguer entre le cas où l'action en dommages-intérêts serait fondée sur le dommage matériel causé aux propriétés et le cas où elle serait motivée par un préjudice moral. Dommage matériel sera la lésion physique de la chose d'autrui, par exemple : les flammes d'un four à chaux font périr les arbres d'un jardin contigu, la fumée d'une fabrique dépose sur les toiles d'une blanchisserie une poussière qui les détériore ; le jeu des marteaux d'une usine ébranlent les murs d'une maison voisine, etc., mais le fonctionnement d'une usine peut aussi diminuer l'agrément des propriétés voisines et en déprécier plus ou moins la valeur par le bruit, la fumée, ou par d'autres incommodités. C'est ce genre d'inconvénients que l'on a appelé dommage moral, sans doute parce qu'il dépend beaucoup des impressions personnelles de ceux qui le subissent.

Le Conseil d'Etat reconnaissait aux tribunaux le droit d'apprécier le premier, mais il leur déniait le droit de prononcer une indemnité au cas de dommage moral, prétendant que l'administration ayant été chargée de recueillir toutes les informations qui peuvent l'éclairer sur les dangers ou inconvénients tant publics que particuliers auxquels peut donner lieu l'établissement dont l'autorisation est demandée ; et l'administration devant également prononcer sur les oppositions que pourrait faire naître la demande, il serait contraire aux régles qui ont fixé la séparation des pouvoirs administratif et judiciaire d'autoriser devant les tribunaux un recours qui tendrait à faire juger par eux la diminution de valeur que pourrait causer à des propriétés voisines la formation d'un établissement autorisé par une ordonnance qui aurait déjà prononcé sur ces questions. (Conseil d'Etat, 15 décembre 1824).

Une ordonnance sur conflit du 27 décembre 1826 a admis implicitement la même théorie en annulant le conflit parce qu'il ne s'agissait pas de la dépréciation des propriétés résultant du voisinage, mais seulement du dommage causé aux arbres et récoltes.

La Cour de cassation a toujours donné plus d'extension au droit à l'indemnité. (Cass., 20 février 1849, 3 décembre 1860).

Le Conseil d'Etat s'est rallié à cette doctrine dans un décret sur conflit du 9 juin 1859 rendu, il est vrai, à l'occasion d'une industrie que sa nature sépare profondément des industries honnêtes, mais enfin d'une industrie réglée par la police. Il s'agit en effet bien d'un simple dommage moral dans celui que présente l'établissement d'une maison de tolérance dans une rue jusqu'alors exempte de ce genre d'établissement. Malgré la permission de police et quoiqu'il ne soit pas allégué que les règles imposées administrativement aux exploitants aient été inobservées, les tribunaux peuvent et doivent allouer des dommages-intérêts aux propriétaires des maisons voisines que la proximité du mauvais lieu déprécie.

Toutefois dans l'appréciation de ce dommage, il faut tenir compte non seulemennt de la nature de l'industrie et du mode de fonctionnement de l'usine, mais aussi des circonstances et des habitudes locales. Ainsi l'établissement d'une usine très bruyante dans une localité paisible, dans le voisinage d'une maison de santé, pourrait motiver suffisamment une action en dommages-intérêts tandis que les voisins ne seraient pas admis à réclamer contre l'installation d'une pareille usine dans un quartier voué à l'exercice d'industries plus ou moins bruyantes. En un mot, le simple désagrément résultant de la proximité d'un établissement autorisé ne donne lieu à des dommages-intérêts que lorsqu'il dépasse la mesure des obligations ordinaires du voisinage. A cet égard, la condition des établissements autorisés n'est ni meilleure ni pire que celle des établissements non assujettis à l'autorisation; les exploitants sont responsables des inconvénients qui excèdent le support mutuel que l'on se doit entre voisins. Il y aura donc là une apprécietion de fait qui laisse une grande latitude aux tribunaux.

Le juge de paix sera également compétent pour connaître des dommages faits aux champs, fruits et récoltes par l'exploitation des établissements insalubres ou incommodes. Cette appréciation rentre dans les termes de l'art. 5 de la loi du 25 mai 1838. Mais le juge de paix n'est compétent qu'autant qu'il s'agit d'un dommage fait; il ne le serait pas si la réclamation avait pour objet un dommage futur aux fruits et récoltes, c'est-à-dire que le dommage pour dépréciation lui échappe et qu'il n'est compétent que pour le dommage actuel et consommé.

Comme l'établissement dommageable pourra cesser d'exister, ou subir des modifications qui en atténueront les inconvénients, ordinairement les tribunaux allouent à titre de dommages-intérêts non pas une somme fixe et payable une fois, mais telle somme pour telle période de temps.

Cette allocation de dommages-intérêts peut dans certains cas entraîner la cessation de l'exploitation, mais ce fait purement accidentel ne saurait être assimilé à une suppression ; le juge, en effet, ne s'oppose nullement à l'exécution de l'acte administratif, et le caractère de sa décision ne peut être changé par la possibilité d'une fermeture de l'établissement, dépendant d'ailleurs uniquement de la situation financière de l'usinier.

L'autorité judiciaire ne pourrait pas non plus imposer des mesures modifiant celles que l'autorité administrative a prescrites dans un intérêt général, cependant du droit de statuer sur le préjudice découle le droit d'en empêcher le retour, car la réparation devra porter non seulement sur le préjudice réalisé, mais encore sur celui qui serait ultérieurement causé par la continuation du fait dommageable et, pour ce dernier, le meilleur moyen d'empêcher le retour est d'ordonner des travaux supprimant les inconvénients de l'industrie. Le principe de la séparation des pouvoirs s'oppose à ce que l'autorité judiciaire prescrive des mesures contraires à celles ordonnées par l'administration dans un intérêt général, mais il ne s'oppose pas à ce que les tribunaux procèdent par voie de disposition entre particuliers.

C'est aussi ce qui arriverait si les réclamants invoquaient devant l'autorité judiciaire des droits formels et préexistants qui s'opposent à l'existence de l'établissement autorisé. Alors elle doit donner satisfaction complète à ces droits, ainsi par exemple si un industriel a été autorisé à élever un atelier dangereux, insalubre ou incommode sur un emplacement par lui désigné et que l'administration croyait lui appartenir, mais qu'en réalité il ne soit ni propriétaire de l'emplacement ni muni du consentement du propriétaire. L'action judiciaire en revendication exercée par ce dernier produira son plein et entier effet ; quand même le terrain serait déjà couvert de constructions élevées par le permissionnaire, sinon ce serait dire que tandis que l'expropriation pour cause d'utilité publique ne peut être opérée que par jugement, une opération de simple utilité privée pourra être produite par arrêté préfectoral autorisant un établissement classé, arrêté qui transférerait également le droit de propriété en une indemnité pécuniaire.

Il en serait de même si une convention formelle entre deux propriétaires prohibait la création d'un établissement insalubre.

Nous avons dit en effet que l'autorisation administrative nécessaire dans les cas spécifiés par la loi confère à l'impétrant une simple faculté avec cette réserve : si tant est que le droit d'autrui ne s'y oppose pas ; il faut donc que l'acte autorisé soit compatible avec les droits des tiers en jugeant que cette condition fait défaut, le tribunal n'annule ni ne critique l'acte administratif, il le laisse tel qu'il est, insuffisant par lui-même insuffisant quant à présent, mais capable de produire ultérieurement son effet, si l'obstacle de droit venait à disparaître par l'acquiescement du tiers.

Il peut arriver que le dommage soit le résultat de l'exploitation simultanée de plusieurs établissements. Dans ce cas, les industriels peuvent être condamnés *in solidum* à des dommages-intérêts. Bien que de droit commun, lorsque la dette est divisible, la solidarité ne puisse résulter que d'une convention expresse (art. 1202) ou d'un délit (article 55 C. Pénal) il faut reconnaître ici qu'il est impossible de déterminer la proportion dans laquelle chaque établissement contribue au préjudice, on doit aussi ajouter l'indivisibilité de la cause du dommage car si le fait individuel de chaque fabricant ne peut à lui seul être nuisible, la simultanéité de ces faits individuels devient la cause du dommage, or cette simultanéité est individuelle.

Nous croyons devoir indiquer après l'exposé qui précède les divers réglements qui, à l'étranger, règlent la matière dont nous nous sommes occupés.

Angleterre. — Il n'y a pas de loi unique qui ait trait à la réglementation des industries dangereuses ou insalubres. En France, on procède préventivement ; en Angleterre, au contraire, il n'y a pas besoin d'autorisation — du moins en principe, or, ainsi que nous le verrons plus loin, une autorisation est nécessaire pour les abattoirs — et la législation anglaise procède uniquement par voie de répression.

Le Comté répond à notre département, le personnage le plus important, dans le Comté, est le juge de paix qui est à la fois juge correctionnel, juge de police, juge administratif et administrateur; il agit seul ou en commun avec plusieurs autres et alors on distingue les *petty* sessions et les *general quarter* sessions ou sessions trimestrielles; et c'est surtout dans ces dernières que le juge de paix fait fonction d'administrateur et constitue un préfet collectif.

La Police sanitaire et industrielle est de la compétence des juges de paix; et dans ce qui est relatif à ces attributions, les matières judiciaires sont complètement mêlées aux matières administratives. Certaines mesures doivent émaner de l'autorité locale et sont confirmées par les magistrats, souvent ils interviennent à défaut des communes. Tout ce qui est « public nuisances » doit être enlevé. Sous ce rapport, une des principales lois relatives à cette matière sont les « nuisance removal act du 14 août 1855 » (18-19 Vict. chap. 21), qui traitent de tout ce qui est nuisible à la santé. On commence par énumérer les choses nuisibles à la santé; l'autorité locale doit prescrire l'éloignement et prendre les précautions nécessaires pour éviter le renouvellement des inconvénients; elle peut même défendre l'usage d'un local jusqu'à ce que tout ce qui pourrait être nuisible ait disparu, et en cas de contravention on peut être condamné jusqu'à 10 shellings d'amende.

Si c'est une industrie insalubre ou incommode, qui est cause d'inconvénients pour la santé publique, deux personnes peuvent porter plainte devant les juges de paix réunis en petite session et l'industriel qui n'aura pas pris les précautions suffisantes pourra être condamné à 5 livres d'amende; en cas de récidive, à 10 livres en doublant ainsi, à chaque nouvelle infraction, l'amende précédemment prononcée.

C'est cette même loi qui prescrit à l'autorité locale de prendre les mesures nécessaires pour faire évacuer un local au cas d'agglomération d'un certain nombre d'individus, et le propriétaire qui a permis ainsi l'occupation de son immeuble peut être condamné jusqu'à 40 shellings d'amende qui sont toujours doublés en cas de récidive.

Des actes complémentaires à celui de 1855 et votés en 1860 (6 août 23-24, Vict., chap. 77) 1866, 7 août, (29-30, Victoria, chap. 90), 3 juillet 1868 (31-32, Vict., chap. 115) et 1870, 9 août (33-34 Vict., chap. 53) ont apporté des modifications ou réglé diverses questions de procédure. C'est la loi de 1866, chap. 90, § 25 qui, entre autres dispositions, défend sous peine d'une amende de 5 livres aux gens attaqués de maladies contagieuses d'entrer dans une voiture publique.

Certaines lois luttent contre le fait nuisible ainsi :

Des lois spéciales s'appliquent à certains produits chimiques comme Alcali Works, regulation act. du 28 juillet 1863 (26-27. Victor., chap. 90), qui ordonne de condenser les gaz délétères sous peine de 50 livres d'amende au maximum.

Une loi du 20 août 1853 (16-17, Victoria, chap. 128) ordonne que des cheminées servant à des machines à vapeur, à des hauts-fourneaux, à des bateaux à vapeur devront être construites de façon à brûler leur fumée sous peine d'une amende d'un maximum de 5 livres toujours doublée en cas de récidive.

Des locaux sont soumis à une inspection à laquelle on ne peut se refuser sous peine de payer 20 livres d'amende.

Une loi du 9 août 1844 (7-8, Victoria, chap. 84) règle les distances auxquelles devront se construire les industries dangereuses, à raison du feu ou de l'explosion, comme les fabriques de poudre, d'allumettes, de naphte, de vernis, etc. Ces établissements doivent être à 40 pieds d'un chemin public ou à 50 pieds d'une industrie du même genre, et on ne pourra non plus élever de construction à moins de 50 pieds d'une de ces industries déjà construites, sous peine d'une amende qui n'excèdera pas 50 livres par jour.

Enfin pour les abattoirs, la législation anglaise en distingue deux sortes : ceux où on abat des animaux de boucherie et ceux où l'on n'abat que des chevaux ou autres animaux non destinés à la consommation.

Cette dernière sorte d'établissements a besoin d'une autorisation (licence) qui est accordée dans les « quarter sessions » des juges de paix. La licence doit être renouvelée tous les ans, et il est interdit d'y admettre des animaux destinés à la consommation (26, Georges, III, chap. 71).

Les abattoirs d'animaux de boucherie rentrent dans les attributions municipales et ils doivent être autorisés par le bureau sanitaire de la localité, et ils sont soumis à l'inspection.

Une loi spéciale du 7 août 1894 (37-38, Victor., chap. 67) est relative aux abattoirs à Londres pour lesquels les juges de paix ne peuvent accorder la licence qu'avec l'assentiment du Board of Works.

Cette loi défend également, à nouveau, d'établir certains industries (cuiseurs de sang, fabriques d'engrais, fonderies de suif) sous peine d'une amende d'un maximum de 50 livres pour l'industriel et de 50 livres pour le propriétaire de l'établissement.

Allemagne. — En Allemagne, d'après la loi organique de l'industrie du 31 juin 1869, les établissements insalubres, dangereux ou incommodes ont besoin d'une autorisation (art. 15).

L'art. 16 énumère ces industries.

L'art. 17 indique la procédure à suivre. La demande d'autorisation est accompagnée d'un plan des lieux. L'autorité publie une fois le projet dans le Bulletin officiel du département et invite les intéressés à présenter leurs observations. Le délai est de 15 jours ; après ce délai on ne peut plus faire d'objection qu'en se fondant sur des titres de propriété. L'autorisation est donnée par la commission exécutive de l'arrondissement (Kreis Ausschuss), composée de landrath ou sous-préfet et de six habitants de l'arrondissement, elle est donnée par écrit. L'autorisation après une enquête consistant à entendre des témoins et à nommer des experts indique les conditions nécessaires et les motifs qui les ont dictées. Le refus doit être également motivé (art. 18).

La décision est notifiée à la fois à l'industriel et aux opposants auxquels un délai de 15 jours est accordé pour recourir contre l'autorisation : la décision prise en appel est également notifiée et motivée (art. 21) mais cette dernière décision doit être prise par une collège c'est-à-dire par trois personnes au moins.

Une autorisation spéciale est toujours nécessaire pour les chaudières à vapeur (art. 24).

Enfin (§ 28) des réglements émanés des autorités supérieures déterminent les distances à observer entre les industries et les habitations.

Une loi du 18 mars 1868 règle ce qui concerne les abattoirs. L'autorité municipale peut interdire de procéder à l'abatage ailleurs que dans l'abattoir public.

Autriche. — La matière est réglée par la loi organique de l'industrie du 20 décembre 1859.

Une permission est nécessaire pour toutes les industries qui se servent de fourneaux, machines à vapeur, machines hydrauliques ou qui pourront incommoder le voisinage par des travaux dangereux, ou insalubres, ou par de mauvaises odeurs ou par un bruit extraordinaire. On devra surtout avoir égard au voisinage des églises, hôpitaux écoles ou autres établissements publics (§ 31).

La demande doit être faite par écrit et précédée

d'une enquête consistant en l'affichage dans la commune, et une commission présidée par le maire qui entend les opposants dresse un procès-verbal qui est remis à l'autorité qui décide. Après 3 ans, une nouvelle autorisation est nécessaire.

Italie. — La loi du 20 mars 1865 rendue pour l'organisation administrative du Royaume d'Italie charge la députation permanente du Conseil provincial de déclarer si une manufacture doit être déclarée incommode, dangereuse et insalubre (article 88). Cette déclaration, approuvée par le préfet qui préside la députation provinciale (art. 179), a pour effet d'interdire l'établissement de la fabrique et même son exploitation, l'opposition peut être provoquée par un particulier intéressé ou par le conseil municipal. Le recours contre la décision du préfet a lieu par la voie hiérarchique. L'article 138 prescrivait dans le cours des années 1865 et 1866 une enquête générale sur les objets relatifs à la salubrité et parmi lesquels figuraient les établissements insalubres. Nous ne savons si cette enquête a eu lieu.

Belgique. — La Belgique est le pays étranger dont les règlements relatifs aux industries dangereuses ou insalubres se rapprochent le plus de notre législation.

Une autorisation est nécessaire pour l'exploitation et la formation de ces établissements.

C'est un arrêté royal du 23 janvier 1863 qui actuellement règle la matière. Ce règlement est un arrêté de décentralisation; il divise en deux classes les établissements auparavant répartis en trois classes d'après un arrêté royal du 12 novembre 1849, et il étend la compétence de l'autorité provinciale aux établissements de première classe pour lesquels l'autorisation était auparavant donnée par le gouvernement.

Les établissements de 1re classe sont autorisés par la députation permanente du Conseil provincial, le collège des bourgmestres et échevins préalablement entendu.

Les établissements de 2e classe sont autorisés par ce collège (art. 1).

Ce collège des bourgmestres et échevins est la réunion du bourgmestre et des échevins nommés par le roi parmi les membres du Conseil municipal. Il a, d'après la loi du 30 mars 1836, à peu près les attributions exercées par les maires des communes françaises.

La demande est adressée à l'autorité qui autorise et elle doit faire connaître les mesures projetées en vue de prévenir ou d'atténuer les inconvénients auxquels l'établissement peut donner lieu (art. 2).

Une enquête *de commodo et incommodo* doit avoir lieu et la demande est affichée pendant 15 jours (art. 5).

Les décisions portant autorisation ou refus doivent également être affichées dans les communes intéressées (art. 7).

L'autorisation est limitée à 30 ans au plus pour les établissements de 1re classe, mais elles peuvent être renouvelées (art. 5).

L'appel des décisions a lieu devant le Conseil provincial ou devant le Roi suivant les classes (art. 8).

L'autorité communale doit surveiller l'exploitation; elle peut retirer l'autorisation en cas d'inexécution des conditions et au besoin fermer l'établissement et apposer les scellés (art. 9 et 12).

Les droits des tiers sont réservés (art. 15).

POSITIONS

DROIT ROMAIN.

I. — Les lois 6 et 7, § 2 D. *de damno infecto* liv. 39, tit. 2 ne se contredisent pas.

II. — La loi 77 pr. D. *de regulis juris* liv. 50, tit. 17 ne fait pas obstacle à certaines acceptilations conditionnelles.

III. — Les lois 29, § 2, D. *pign. et hyp.* liv. 20, tit. 1 et 44, § 1 D. *de damno infecto* liv. 39, tit. 2 ne sont pas inconciliables.

IV. — La règle *dies interpellat pro homine* n'était admise que dans des cas exceptionnels.

V. — Celui qui a invoqué le bénéfice de compétence reste tenu pour la partie de la dette non payée d'une obligation naturelle.

VI. — Le fidéjusseur d'une femme qui a intercédé contrairement au sénatus-consulte vélléien et qui poursuivi, a négligé de faire insérer l'exception dans la formule ne doit pas être condamné par le *judex*.

DROIT CIVIL.

I. — Le *damnum infectum* ne donne pas lieu à une action en droit français.

II. — L'héritier réservataire grevé d'un legs de nue propriété, tant du disponible que de la réserve, est obligé, pour conserver sa réserve intacte, d'abandonner tout le disponible comme le prescrit l'art. 917 pour une hypothèse analogue?

III. — Les créanciers d'un auteur vivant n'ont pas le droit de publier sans son assentiment un de ses ouvrages qui a déjà été publié.

IV. — Le testament fait pendant un intervalle lucide par un interdit judiciaire est valable.

V. — Un débiteur peut réclamer au créancier le paiement qu'il a fait avant l'échéance.

VI. — Il n'y a pas paiement de l'indu au cas où un prix de vente a été payé aux créanciers du vendeur par l'acheteur qui, après le paiement effectué, a été évincé de la chose vendue.

DROIT ADMINISTRATIF.

I. — Les maires peuvent prescrire aux établissements insalubres l'observation des conditions de salubrité qu'ils jugent convenables.

II. — Les conseils de préfecture sont incompétents pour ordonner la fermeture d'établissements insalubres.

III. — Les particuliers ne peuvent demander des dommages-intérêts à l'État à raison d'établissements dangereux ou insalubres créés pour un service public.

IV. — Un établissement insalubre de deuxième ou de troisième classe peut être fermé pour cause de salubrité.

V. — Les tribunaux peuvent également ordonner certains travaux sans violer le principe de la séparation des pouvoirs.

VI. — Les tribunaux civils sont exclusivement compétents pour allouer des dommages-intérêts aux tiers en matière d'établissements insalubres.

HISTOIRE DU DROIT.

I. — Il n'existait entre les époux gaulois qu'un simple gain de survie et non pas une communauté.

II. — Les chanteaux ou communautés de paysans n'ont pas donné naissance à la communauté de biens entre époux.

DROIT DES GENS.

I. — En cas d'invasion, les habitants barricadés dans leurs maisons et résistant à l'ennemi doivent être considérés comme belligérants, bien qu'ils n'aient ni uniforme, ni chef, ni drapeau.

II. — Un gouvernement étranger ne peut être soumis à la juridiction de nos tribunaux.

DROIT CRIMINEL.

I. — L'action publique une fois mise en mouvement par la plainte du breveté, pour délit de contrefaçon, peut-elle être arrêtée par le désistement du plaignant?

II. — Le tribunal répressif (cour d'assises, conseil de guerre, police correctionnelle) saisi de l'infraction peut déclarer l'existence du crime ou du délit commis par le comptable, sans qu'au préalable le compte ait été apuré par la juridiction administrative compétente.

III. — Le ministère public ne peut pas poursuivre la banqueroute simple d'une personne non déclarée en état de faillite.

Vu par le Président de la thèse :
C. ACCARIAS.

Vu par le Doyen :
CH. BEUDANT.

VU ET PERMIS D'IMPRIMER :
Le vice-recteur de l'Académie de Paris,
GRÉARD.

Paris, impr. F. PICHON. — A. COTILLON & Cie, 37, rue des Feuillantines, & 24, rue Soufflot.

www.ingramcontent.com/pod-product-compliance
Ingram Content Group UK Ltd.
Pitfield, Milton Keynes, MK11 3LW, UK
UKHW020325230726
13925UKWH00002B/628

9 782014 068177